お金と愛の運のいい人が絶対やっている「感情を大切にする」カンタン3つのルール

開運カウンセラー・コンサルタント
サラサまみ

コスモ21

カバーデザイン◆中村　聡
本文イラスト◆宮下やすこ
編　集　協　力◆稲　佐知子
書籍コーディネート◆小山睦男（インプループ）

はじめに

今日から幸せになりましょう

私のクライアントさまは、90%が女性です。12年の間、たくさんの方たちの相談を受けて来ました。そのなかで聞いた、とっても多い質問があります。

「彼には、私だけを見てほしいんです」

「彼の1番になりたいんです」

何千回と聞いてきた言葉です。そのくらい、女性は自分だけを見てほしい、1番にしてほしいという気持ちが強い生き物なのです。

今もそう思っているということは、今もそうなっていないということです。

あなたには、ありませんか?

「出会う人は、いつも、わたしのことを大切にしてくれない!」

「彼は、仕事、仕事って言って、私のことを1番にしてくれない！」

そんな「〜してくれない！」が、口ぐせになっていないでしょうか？

さらに、

「お金がないんです」

「これからどうなるのか？　とくに老後が心配なんです」

40歳を過ぎた独身の女性からよく聞く悩みです。

こんな「〜ない」「〜ない」も連発します。

恋愛が上手くいかない。

理想の結婚ができない。

出会い自体がない。

このまま一生ひとりで独身だったらどうしよう。将来のことを考えるとこころが不安定になる。


そう思うことには、ちゃんとした理由があります。

性格が悪いとか、女性として魅力がない、男運が悪い、運気がよくないからではありません。

その理由は、あなたのこころの奥底に閉じ込めている感情の「トラウマ」、「ブロック」と呼ばれるものが関係しているのです。カギをにぎっているのが、あなたの感情なのです。

もし、今あなたの人生が思いどおりになっていないとしたら、それは、あなたの〝ほんとうの感情〟を大切にしていないために起こっています。

それに触れるのが怖くて、それをどう扱っていいのかわからなくて、ずっとこころの奥に抱えたままフタをしてきたのです。そのままフタをしているとどうなるか？　それは本文で詳しくお話しします。

あなたが、そんな不安な毎日から脱して心穏やかに暮らすには、まずそのフタを開けて、「自分のほんとうの感情を知ること」から始まります。

それをするのと、しないのでは、まったく違う人生になるのです。

あなたは自分の人生を、愛される人生に、好きなだけお金が入ってくる人生に、夢を実現していく人生に変えたくはないですか？

すべてはご先祖からの因縁……なんて思ってあきらめている方がいらっしゃいますが、ご先祖様は優しく見守ってくれる存在です。重たい因縁や辛いことを、あなたに背負わせたりはしません。

今あなたに起こっていることは全部、自分の感情が引き寄せていることなんです。偶然ではなく、必然なのです。だから、現実を変えるのは、その感情に気づき、自分がほんとうに望んでいることを見つけ出すことから始まります。そうすれば必ず、新しい自分、なりたい自分になる道が開かれてきます。

「思考は現実化する」とか「イメージは実現化する」という言葉があります。しかし、「感情は現実化する」と言ったほうがもっと的確です。その感情は、喜んだり悲しんだりという表面の感情の奥にある〝ほんとうの感情〟です。それを大切にすると、愛される人になり、欲しいものを引き寄せて幸せな人生に必ず変わります。

本書は、自分のほんとうの感情を見つけるためのガイドブックになってくれるでしょう。

次に本書で伝えたいのは、お金と愛の運を自然に引き寄せる感情体質にチェンジすることです。そのために必要なルールが3つあります。それに取り組むだけで、あなたは愛される人になり、欲しいものを引き寄せられるようになります。自分でも驚くほど人生が変わります。

まずルール1では、**幸せになる行動を邪魔している〝感情のブロック〟を外します**。これによって、あなたの隠れた魅力が輝く感情体質に変わり、あなたはキラキラ輝き始めます。

ルール2では、**「愛の勘違い」を引き起こしている感情体質をチェンジします**。その結果、愛の運を引き寄せることができるようになります。

ルール3では、**「お金の勘違い」を引き起こしている感情体質をチェンジします**。これで、あなたのお金に対するイメージが変わり、お金の運を引き寄せることができるようになります。欲しいと思う額を設定してみてください。

この3つのルールに取り組んだあと、最後にお金と愛の運を定着させ、幸せが続くようにする仕上げに取り組みます。それは、「願望を宇宙にオーダーする」ことです。「宇宙にオーダーする」というと難しく思われますか。でも、とってもカンタンですから、楽しみにしていてください。

ここまでの流れをもう一度、確認です。

Ⅰ　自分のほんとうの感情を知る
Ⅱ　3つのルールを実践する
Ⅲ　願望を宇宙にオーダーする

これならすぐにできると思って取り組むと、素晴らしい結果が待っています。それをすでに体験している方たちの様子は本文で紹介します。

なかには、わかっていても、なかなか始めない方たちがいます。何事をするにも、決断が必要です。何を決断するかはいろいろでしょうが、この場合は「なりたい自分になる」と決めることです。はっきりと決めて、流れに沿って取り組めば、愛の運もお金の運も必ずやってきます。誰でも願いが叶うようになります。

その気になれば、いつからでもできますよ。わたしは、専業主婦を15年やって、40代になってから今につながる人生をスタートしました。しかも、楽することが大好きなわたしが、お金と愛の運を引き寄せた方法です。それをすべて、あなたにお伝えします。

わたしは今、毎日が楽しくて幸せです。

楽しくないことはしないというのではなく、何をしていても楽しいんです。そうしていると、自然にお金も入ってくるようになります。家族とも、どうやら前よりずっといい関係になっています。

こんなわたしにも、家族のことで悩んだ時がありました。その頃と今、家族がものすごく変わったわけではありません。わたしが変わったんです。あれこれ心配しなくなったんです。相手を信頼して、大丈夫と思えるようになったんです。

それは、自分のほんとうの感情を大切にすると、お金と愛を引き寄せることができるとわかったからです。

心配してもどうにもならないことは心配しない。心配は何も生み出しません。相手のために頑張ることもやめる。欲しいものをガマンして節約するのもやめる。ムリやガマンをしないで、自分のほんとうの感情を大切にして毎日を過ごしてください。それが心地いいと思えるようになれば、愛もお金も自然に集まってくるんです。

だからといって、悪いことが起きないということではありません。男と女のことなら、別れが来ないということではありません。楽しく暮らしているのに不本意なことがあるとしたら、そういうことが起こる必然性がなにかあったということです。

「え？　なんで？」と思ったあなた。この本の中に答えがありますよ。

さあ、準備はいいですか？　まず幸せになる準備として「自分のほんとうの感情を知る」ことから入っていきますよ。次に3つのルール、最後に「願望を宇宙にオーダーする」。たったこれだけです。

今からあなたに、お伝えしていきましょう。

Contents

Chapter 1

「願いが叶う」感情のメカニズムを知る

Chapter 2

あなたの行動を邪魔している感情のブロックを外す

Chapter 3

「愛の勘違い」を引き起こす感情体質をチェンジする

Chapter 4

「お金の勘違い」を引き起こす感情体質をチェンジする

Chapter 5

感情を宇宙につなげるテクニック

Chapter 1

「願いが叶う」
感情のメカニズムを知る

01

感情を大切にするってどういうこと？

あなたは自分の感情と、じっくりと向き合ったことがありますか？

わたしは、こころのことを勉強するまでは、深く向き合ったことがありませんでした。あなたは、自分のこころだから、自分の思いどおりになるし、すべてわかっているなんて思いますか？

わたしは、今までに1万人以上の人を観てきています。わたしも含めてですが、みんなに共通するのは、**いちばんわかっていると思っている自分のことが、じつはいちばんわかっていない**ということです。それがどんなことなのか、今から例を出してお伝えしますね。

ご相談者のTちゃんには、仲よくしている彼がいました。彼にもっと好かれたいと思っていました。彼の奥さんは3年前に亡くなっています。その3回忌を期に、彼から二人のことをちょっとゆっくり考えたいと言われました。

あなたがもしこう言われたら、どう思うでしょうか？　Tちゃんは、この言葉を聞いて「私のことを避けたいんだ……。そんなに好きじゃないんだ」と思ってしまいました（ここがもう勘違いの一歩なのですが）。

それでどうにかしたいと、LINEしました。「元気にしていますか？」とか「会いたいです」と。

そうしているうちに、返事が来なくなりました。「ああやっぱり……わたしのことは好きじゃないんだ」と思い込んでしまったのです。

こうしたときのLINEですが、そもそも「私のことを避けたいんだ……。そんな好きじゃないんだ」と思いながら送ってしまうことが多いのです。なので、返事が来なくてもいいような、どうでもいいことを書いてしまいやすいのです。

Tちゃんもそうでした。そして、わたしにこう言ったのです。「だって彼にキラわれたくないから。重い女って思われたくないから。ほんとうに聞きたいことは書けません」ってね。

なぜかというと、彼が好きだ、もっと仲良くなりたいという自分の気持ち、感情を大切にしていないからです。だから、自分がほんとうに聞きたいこと、知りたいことが聞けないのです。

02

こころの奥にあるほんとうの感情

自分のほんとうの感情を大切にしないと、こんなこと聞いて「キラわれたくない」という気持ちに流されてしまいます。

わたし　彼にほんとうに聞きたかったことは？

Tちゃん　わたしのことを好きなのか？　これから付き合っていけるのかどうかわたし　Tちゃんは、なぜ彼に聞けなかったんだろう？

Tちゃん　（しばらく考えた後に）わたしのことなんて、なんとも思ってないとか、付き合えないって言われたらイヤだからです。

わたし　もし言われても、今返事が来ない状況なんだから同じじゃない？　そんなに怖いことではないよね。聞かないかぎり、どう思っているかわからないんだから。

聞いたら、好きだよって言うかもしれない……。Tちゃんが自分の気持ち、感情を全然伝えてないから、彼にはなにも伝わってないよね。

Tちゃん　そうですね……

わたし　キライだって言われたら、なにがイヤ？　どんな感情が出てくるかな？

Tちゃん　ヘコみます。もうなにもしたくないです。悲しいです。

わたし　それなら、もしキライって彼に言われたら、そのままそう言えばいいんだよ。そしたら、少なくとも、キライって言われるとヘコんで悲しくなるんだなって彼には伝わるよ。

Tちゃん　ひゃー、そうなんですね。

わたし　キラわれると思って自分の感情を隠しているから、彼も自分がどう思われているか不安かもしれない。出さないものはわからないですよ。

ＬＩＮＥだけでなくプライベートな連絡は、マメな人とそうではない人がいます。特に男性のなかには、ＬＩＮＥは好きじゃない、めんどうくさいと思っている人も少なくありません。だからといって、相手のことがキライなわけではありません。

「わたしなら好きな人のＬＩＮＥにはすぐ返事をするのに……」。でも、相手は自分ではないのです。

ＬＩＮＥの返事が欲しいとき、「なんで返事をくれないの？」と聞く人が多いのです。どうして、返事をしてほしいのでしょうか？

Ｔちゃんについていえば、返事をもらえると自分のことを好きだって思える、大事にしてくれているって思えるからでしょう。Ｔちゃんのこころの奥にあるほんとうの感情は、これです。

「わたしなら好きな人のＬＩＮＥにはすぐ返事をするのに……」。でも、相手は自分ではないのです。

Ｔちゃんは、自分のことが好きなのかどうかを聞きたいのです。ＬＩＮＥの返事がほしかったら、返事がないと好かれてないと思って悲しくなるのと伝えればいいのです。それこそ、Ｔちゃんのほんとうの気持ち、感情だから。

自分の感情を大切にすると、愛の運がやってきます。お金の運も同じです。感情について知れば知るほど、感情というエネルギーにはすごい力が宿っています。この本を読み進めていくと、そのことがはっきりとわかってきますよ。

あなたの中にある感情

「快」ならプラス、「不快」ならマイナスの感情

03
「〜してくれない」「〜が足りない」の落とし穴

彼が私のことを大事にしてくれない。

周囲の人が私のことをわかってくれない。

いつもお金が足りない。

欲しいものが手に入らない。

そんなふうに感じることがありますか？

この中でひとつだけというよりも、全部当てはまるという人がいるのではないでしょうか？　逆に、当てはまらない人は、ひとつも当てはまらないということが多いのです。

「〜してくれない」「〜が足りない」そう感じる人は、愛情も、理解も、お金も、物も、すべてが足りないと思いがちです。

パートナーとはすれ違いがちだけれど、最高の友人がいるから大丈夫。なんて思っている人は、どこかで我慢をしていませんか？　友人と最高の関係が築けているのなら、パートナーとも理想の関係ができているほうが自然なのです。

ちょっと考えてみてください。この世には、なにもかもに恵まれた幸せな人もいれば、運の悪い不幸な人もいると思いますか？

いいえ、そうではありません。恵まれた人、幸せな人がいるのではなくて、幸せになることを選んでいる人と、不幸への道を選んでいる人がいるのです。

そう言うと、「わたしだって幸せになるように頑張っている。幸せを選ぼうとしている」となりますよね。当然です。頭では誰だって不幸を選ぼうとはしません。

それでも口から「自分は恵まれていない」「不幸」だという言葉が出てきたり、そう思ったりしている人は、幸せになりたい自分を拒否しています。無意識に、ほしいものが手に入らないような道を進んでいるのです。

そうしてしまう原因は、感情の中に抱え込んだ「ブロック」にあります。幸せになること、なりたい自分になることへのストッパーであるといってもいいかもしれません。「〜してくれない」「〜が足りない」ということばかり考えていると、感情のブロックはどんどん大きく重くなってしまいます。

お金の運、愛の運はますます遠ざかっていきます。

04

〝楽しく生きる〟と決めるから楽しくなる

私は「死ぬまで楽しく、かわいく生きる」と決めています。この「かわいく」は、見た目ではなくて行動についてです。好きなことをして生きていく無邪気なかわいさです。好きなことをしているのですから、毎日が楽しいのはもちろんです。

あなたはどんなふうに生きたいですか？

人は自分で決めたようにしか生きられません。もちろん、もって生まれてくるものはあります。それは生まれる前の自分が決めているという考えもありますが、そのことを実感している人はなかなかいないでしょう。誰でもわかるのは、今生きている毎日を自分で選んでいるということです。

生きていれば、楽しい出来事、うれしい出来事があり、悲しい出来事、辛い出来事もあります。そのことに対して、どう考え、どう接していくか。

「どうして辛いことばかり起きるの？　もうイヤ」と思うか、「辛い出来事だったけれど、起きてしまったことは仕方ない。自分を成長させてくれるはず」「気をつけなさいという意味かな。厄落としができたかな」と考えるか。起こった事実は同じでも、結果はひとつではありません。捉え方次第で、その後の自分は大きく変わっていきます。

ただし、ムリをするのはいけません。ここ、大事なポイントです。ポジティブに考えなくちゃと思ってそうするのでは意味がないのです。**自然に、こころからしたいようにするのです。すると、結果的になりたい自分になっていきます。**

「本当にそう？」というあなた。万が一、そうなるとは限らないとしても、毎日楽しいことを考え、なりたい自分を想像して目指すことにマイナスはありますか？

あれもない。これも足りない。私が悪いんじゃないのに、一生懸命頑張っているのに、どうして……と考えていれば、なにかいいことが起きると思いますか？

今「えーっ本当かな？」と思っていたとしても、あなたが楽しくてうれしいことが増えれば、自然に笑顔が増えて、もっとハッピーになっていきますよね。

やってみれば、すぐにわかります。とりあえず楽しいこと、してみようと決めてみませんか？　お気に入りの服を着て、行きたかったところに行ってみるとか、どんなことでもいいんです。

05

感情のブロックを外せば〝なりたい自分〟への道がはじまる

わたしが占い師になったのにはわけがあります。小学4年生の次男が「学校に行きたくない」と言ったことがきっかけでした。そして、それはわたしがもうすぐ40歳になる頃でした。

とりあえず、家族のことが占いで観られるようになったらいいな、と思いました。子どもの将来のことがわかったら、今の不安もなくなると思ったのです。

それで、近所の人が「よく当たるし、親身になって話を聞いてくれる先生だよ」と言う占いの先生に、とりあえず観ていただくことになりました。

そう、とりあえずのつもりだったのに、初めて行った日に占いの勉強をすることが決まって、あっという間に占い師になってしまいました。占いの師匠の鑑定場所が空いている日に、そこでやってみないかと師匠から誘われたのです。

そこで多くの方の相談に乗っているうちに、気づくと、すでに1万人以上の方々にお会いしています。相談者の方々に、より広い視野でアドバイスができるよう、占いだけでなくカウンセリングについても勉強しました。

そうして、たまたま（ではなく必然?!）のご縁が重なって、今のわたしがあります。どれもこれも「こうしてやる」「絶対これをする」と決めてしてきたわけではありません。

ただ、興味があること、したいことに楽しく挑戦してきただけです。「楽しくかわいく生きる」ことがモットーです。ムリにやっているのではありません。自然体でなければ楽しくないのですから。

誰かのために私にできること、自分のしたいことをする。そうすることが楽しいから、毎日がとても充実しています。

先に、「～してもらえない」「～が足りない」と思っていたら、幸せの邪魔をするブロックが大きく重くなってしまうとお伝えしました。「ないない尽くし」の人は、自分がほんとうに望むものがわかっていない。自分のほんとうの感情がわかっていない。自分でもわからないのに、願いが叶うわけがありませんし、人にわかってもらえるはずもありませんよね。

まずは、そのことを自覚することが大切なのですが、自分のほんとうの望み、自分のほんとうの感情は、じつは自分ひとりで考えても、なかなかわからないものなのです。

でも大丈夫です。**感情のブロックを外すことができれば、こころから好きなこと、したいことが知らないうちにはじまります。**ブロックを外して楽しい気分で過ごすことができると、好きなこと、なりたい自分になる道が、自然にはじまっているのです。

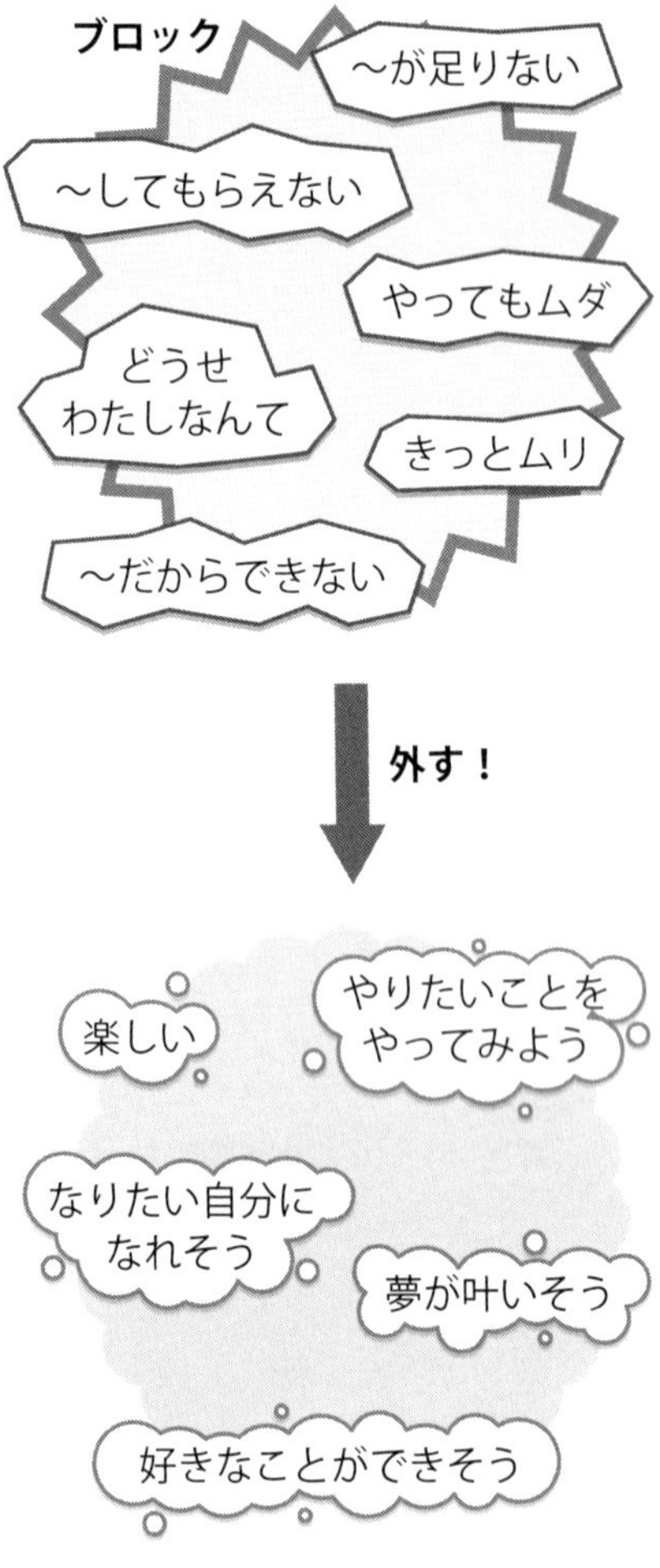

06

「出したものが返ってくる」は誰にも働く法則

いいことをするといいことが起きる。悪いことをするとバチが当たる。それって、スピリチュアルなことを信じる信じないに関係なく「なんとなくありそう」ではないですか？

人生はシンプルです。出したものが返ってくる。この繰り返しなんです。ここでは結論だけお話ししますが、それは私たちをとりまくエネルギーの根源、宇宙のエネルギーの法則なのです。

わたしが友達にプレゼントをしたとします。彼女がそれをすごく喜んでくれたら、彼女が感じた「うれしい！」という感情がプラスのエネルギーになります。そのエネルギーがわたしに返ってくるのです。

でももし、彼女があまり好きではないものだったとしたら、イヤなことを思い出させるような地雷アイテムだったとしたら、彼女の「こんなものいらないのに。悲しい」という彼女の感情がマイナスのエネルギーとなってわたしに返ってきます。

「せっかく喜んでもらおうと思って贈ったのに、それはないでしょう」と思いますよね。でも仕方ありません。私はプラスの感情でプレゼントしましたが、彼女はマイナスの感情を抱いてしまった。相手に対してしたことが、プラスのエネルギーになるかマイナスのエネルギーになるかを決めるのは、相手の感情なのです。

　そんなつもりで言ったんじゃない、そんなつもりでしたんじゃない、誤解だといくら言っても、相手の感情はどうにもできません。

　だからといって、相手にエネルギーを出すことを怖がらないでくださいね。プラスのエネルギーだけが返ってくるようにして生きることは、誰にとってもムリなのです。プラスのエネルギーだけを受けること、マイナスのエネルギーだけを受けること、どちらもあり得ません。

　これが誰にでも働いているエネルギーの法則です。

　ですから、いちばんいいのは相手を気にしすぎないことです。**相手のためを思ってこころをこめてしたことなら、それでいい。あとは相手にまかせておきましょう。**もちろん、するべき配慮が足りなくて相手を不快にさせてしまったとしたら、素直に謝りましょうね。

07

自分の素直な気持ちを伝えることを怖がらない

このことは、すでにお伝えしましたが、とても大事なことなので、もう少しくわしく記したいと思います。

「放ってしまった言葉の矢」

「過ぎてしまった時間」

これらは二度と取り戻せないものといわれます。たしかにそうなのですが、「取り戻せないもの」という言葉の受け取り方は、さまざまではないでしょうか。

相手に向けた言葉は、自分の口から出た瞬間に相手のもの。あなたの言葉は、相手に向かって言った瞬間から相手のもの。あなたのコントロール下にはありません。

だから言葉は考えて発する必要があります。不要な一言、軽い気持ちで言った一言が、相手を深く傷つけたり、気持ちを冷めさせたりすることもあるのです。

そうであっても、というより、そうだからこそ、自分の素直な気持ちを伝えることを怖がらないでください。**伝えるべきことを伝えないほうが、間違って伝わってしま**

うよりも悲しいと、わたしは思います。

口から出してしまった言葉は取り戻せないけれど、その後にも言葉を重ねることはできます。受け止め方は相手次第ですが、自分の気持ちを伝えることは、何度でもできます。

過ぎてしまった時間だって、取り戻すことはできないけれど、その後の行動でいくらでも挽回をすることはできるはずです。

「あんなこと言ってしまった」「そんなつもりじゃなかったのに誤解されてしまった」「あのとき、ああすればよかった」「あんなこと、するんじゃなかった」

そう考えてクヨクヨしているかぎり、先に進むことはできません。取り戻せなくても、その先をよりよくすることはできるのです。

相手がどう受け止めるかを考えても仕方ありません。相手次第なのです。そうではなく、自分がどう伝えたいか。本当に伝えたいことはなんなのか。

それをよく考えて、話し行動すること。あとは相手にまかせましょう。大丈夫、たとえ一時誤解されたとしても、マイナスとプラスはきちんと清算されるようにできています。

08

幸せは幸せに、不幸は不幸に引き寄せられる

この世に、生まれつき運がいい人、運が悪い人はいないと、先にお伝えしました。すべては自分自身がそうなることを選んでいるだけだと。運が悪い人は、無意識のうちに運が悪くなるような道を自分で選んでいるのだと。

正確にいえば、自分のほんとうの感情を知らないまま生活している。それが悪い結果を呼び寄せ、それが、さらにほんとうの感情を見えなくする。まさしく負のスパイラルにはまっていくのです。

自分は不幸だと思うと、もっと不幸が引き寄せられ、本人からすれば「わたしはなんて運が悪いんだろう。なにも悪いことはしてないのに」と、なるわけです。

運のいい人、と周りから見られている人は、自分が好きなこと、したいこと、幸せを感じることを選んで行動しています。だから、いつも自然にニコニコ笑顔でいます。一緒にいる人も安心な、幸せな気分でいられます。それに人は惹き付けられてきます。

人生はシンプルで平等ですから、どんなに運がいいように見える人にだって、当然

悪いことは起きているわけです。それでも落ち込みません。「そんなこともある」と自然に受け止めて、クヨクヨ悔やんだり、人を恨んだり、自分をかわいそうがったり、責めたりせず（もちろん、反省が必要なことは反省しなければいけませんが）、なにより自分の好きなこと、楽しいことを考えて暮らします。

だから、周囲から見れば、悪いことが起こっているようには見えません。

悪いことを自然に受け流し、好きなことを楽しんで生きる。そうしていれば、いつも幸せな気分。

もし悪いことが起きたとき、それにとらわれていたら、笑顔がなくなり暗い雰囲気になり、それがエスカレートすれば離れていく人もいるでしょう。それまでなら楽しいと思えることも楽しめず、いいことなんてないと思ってしまうかもしれません。不幸には不幸が呼び寄せられるのです。

いいことも悪いこともあるというのは、誰にも同じです。違いは、どう感じるか、どう行動するかです。それを決めるのはあなたです。いえ、あなたにしか決められないことなんです。

09

困ったとき「悪いことではない」と思えれば悪いことは起こらない

繰り返しますが、誰にでもいいことと悪いことが平等に起こります。だから、どんなに運がいいように見える人にも、困ったことは起きています。

そこで「困った」といってオロオロしたり、立ち止まったりしてしまうか「この状況を打開するためには、どうしたらいいかな」と考えて行動するのか。自分でどちらを選ぶかで、自分の人生は決まっていきます。

わたしが占い師になったのもそうでしたが、困ったことや心配なことは、その後の自分を成長させてくれるチャンスになります。自分の人生が変わるきっかけになることがとても多いのです。

もちろん、幸せな毎日の中でも日々成長することはできます。それができる人だから、幸せな人、運がいい人ともいえるでしょう。

どんな幸せそうに見えても、何かにつまずいたり、真剣に考えなければいけないことが起こってきます。それは必要があって起きています。宇宙から強いメッセージが届いていると考えることもできます。

そんなときは、現状から一歩踏み出すチャンス。そこで立ち止まっていると、変化や成長のチャンスを逃してしまいます。「変わらなきゃ」とムリをするのでもなく、自分のほんとうの感情をしっかり見つめて、自分がしたいこと、なりたい自分になるための行動を選んで、楽しみながら実行していく。そうしていれば、進むべき道に進んでいくことができるでしょう。

自分のほんとうの感情を大切にしていると、どんなことでも楽しくなってきます。「悪いことが起きるかも」なんて心配する必要もなくなります。困ったこと、イヤだなと思うことがあるのは仕方ないとしても、それは悪いことではなくなります。

「悪いことが起きたらどうしよう」と思っているからそうなるのであって、悪いことはないとこころから思えれば、悪いことは起きなくなるんです。

もう一度繰り返します。考えなければいけないこと、面倒なことが起きたら、それはチャンスです。すぐにそう思えなくても、なりたい自分に向かう第一歩を踏み出せると思えば、自然に前に踏み出すことができるでしょう。

10 生まれたときに渡される2つの通帳って？

人は２つの通帳をもって生まれてきます。わたしはこれを『宇宙通帳』と呼んでいます。

宇宙エネルギーについてご存じですか。これは、科学的に解明されつつあることも多く、その存在を認める物理学の専門家も出てきています。でも、スピリチュアルすぎてわかりにくいという方は、考え方として読んでいただければと思います。

わたしたちはプラスとマイナスの通帳、２つをもって生まれてきます。

銀行口座ならひとつの通帳にプラスの入金もマイナスの出金も記帳されますが、宇宙通帳はプラスとマイナスに別れていて、プラスとマイナスが互いに相殺されることはありません。

自分が出したエネルギーに対して相手から受け取ったプラスのエネルギーはプラスの宇宙通帳に貯まっていき、マイナスのエネルギーはマイナスの宇宙通帳に貯まっていきます。

自分が出したエネルギーが感情から出てきていると考えれば、この宇宙通帳は自分の感情を記した通帳ともいえます。

わたしがしたことで相手が喜んでくれたら、それはプラスの宇宙通帳に貯まります。しかし、相手から返ってきたマイナスを補てんするために使われることはありません。マイナスの宇宙通帳に貯まったマイナスのエネルギーは、誰かからマイナスを受けることでしか清算されていきません。いくらプラスが貯まっていても関係ありません。プラスのエネルギーもマイナスのエネルギーも、自分がエネルギーを出したその相手から返ってくるとはかぎりません。

関係性が深い場合は、そのまますぐに返ってくる場合が多いのですが、リアルなお金と同じで、宇宙貯金のエネルギーも巡りもの。どこから返ってくるかは、わからないんです。

もうひとつ、自分が出したエネルギーに対して、どんなエネルギーが返ってくるかもわかりません。

自分がいいことをしたからプラスのエネルギーが貯まるとはかぎらないのです。自分がしたことに、相手が喜んでくれたらプラスになるのですが、いくら喜んでもらおうと思ってしたことでも、相手にとってうれしいことでなければプラスにはなりません。もしも相手が不快に思ったとしたら、マイナスのエネルギーが貯まることになります。

しかし、相手を思ってしたことならば、そんなにすごいマイナスのエネルギーが返ってくるわけではありません。

気づいてほしいことは、この法則がわかれば、自分がよかれと思ったことでも、相手がそれをよいと思わなければプラスのエネルギーは返ってこないということなのです。

あなたの宇宙通帳には、それぞれどれくらいエネルギーが貯まっているでしょうか。

11

感情のマイナス貯金を清算する方法

そのつもりはなくても、誰かをイヤな気持ちにさせてしまった。するとマイナス貯金が貯まります。プラスとマイナスの貯金は相殺されないとお話ししたように、それは、**自分が誰かにイラッとさせられたり、悲しい気持ちにさせられたりしたときに清算されます**。その法則からすれば、イヤなことも悪いことばかりじゃないですよね。

わたしにこんなことがありました。大好きな友人のお宅に遊びに行くので、手みやげを買ったときのこと。1つ180円の鯛焼きを8つ買って箱詰めをお願いしたところ、箱詰めは10個以上とのこと。仕方ないかなと思って一度袋に詰めてもらいました。

でも、久しぶりに会う大切な友人へのおみやげ。そしてこのお店は箱がとてもかわいいので、やっぱり箱に詰めてもらいたい。そこで「お手数をかけて申し訳ないのですが、箱が大きすぎてもいいので、箱に入れてください」とお願いしました。

するとお店の人は、新しい鯛焼きを箱に詰めようとします。「これを詰め替えてもらえればいいんです」と言っても「一度袋に入れると蒸れてしまうので、新しいものを入れます」と、ちょっとムッとしたように（感じました）言って新しい鯛焼きを箱に詰めてくれました。

その瞬間「あー、やっちゃったなー」。マイナス貯金、しちゃったのがわかりました。お店の人にとっては、180円×8個で1440円分の大事な鯛焼きがムダになってしまったのです。余計な手間もかかって、いい気持ちがしないのがわかりました。

それでも私は「お店の人には申し訳なかったけれど、箱に詰めてもらえたからよかった」と思いました。渡した友人にはとても喜ばれました。一緒に食べた人も「おいしい！」と喜んでくれました。これはプラス貯金になります。

でも、この日につくってしまったマイナス貯金は、いつかどこかで私に返ってきます。イヤなことや面倒なこと、ちょっと傷つくようなことになって。自分がつくった以上のマイナスは返ってきませんが。

生きている以上、マイナス貯金を避けることはできない。だからマイナスを怖がってしたいことをやめたり、言いたいことを言わなかったりするのはもっとマイナス。プラスかマイナスか決めるのは相手。それなら自分がしたいことをして楽しく生きる。もし相手にマイナスになっていたら、その責任は自分でとる。それが人生なんです。

12

感情のプラス貯金が貯まるほど運が引き寄せられる

わたしが鯛焼きを買ったときの体験では、マイナス貯金と同時にプラス貯金も貯まりました。手みやげを友人たちに喜んでもらったからです。

かわいい箱は、鯛焼きの形をしているのです。わたしのお気に入りの店なので、友人にその箱から鯛焼きを出して渡したい。その気持ちを「お店の人に悪いかな」「ムッとされるかも」という怖れであきらめてしまったら、どうでしょう。それでも友人は鯛焼きを喜んでくれたと思いますが、わたしのこころの中には「箱に入れてもらえばよかった」という気持ちがずっと残るでしょう。

生きていれば、どうしたって後悔することもありますが、このときは手間をかけることを謝って「箱に入れてください」と言えば、後悔しないで済む。

1つ2つのお菓子を10個用の箱に入れてもらうわけではありません。準備のない箱を用意してと言っているわけでもありません。お店の商品を購入して、少し大きめにはなってしまうけれど、お店の既定の箱に入れてほしいとお願いするだけです。

せっかく友人が喜んでくれているのに、私自身が後悔しているとしたら、それって、とてももったいないことです。

もちろん、お願いしてもダメな場合は、仕方ないこととクヨクヨしない。「そうか、残念だけどしょうがない。鯛焼きをおいしくいただこう」と気持ちを切り替えることです。

でも、箱のことをお願いしなかったら、できるかもしれないチャレンジをしなかったことへの後悔が、自分の中にずっと残ります。

自分のほんとうの感情を大切にし、その感情に正直になって行動した結果、相手が喜んでくれると、プラスのエネルギーが返ってきます。それが感情のプラス貯金として通帳に貯まっていきますが、貯金が貯まるほど、うれしい、楽しい、心地いいという気持ちはより大きくなり、お金の運、愛の運を引き寄せます。

相手からマイナスが返ってきても、自分のしたいようにした結果だったら、こころから毎日を楽しんでいる結果だったら、「あ、あのときのマイナスが返ってきたのかな。しょうがないよね」と思えます。マイナスの出来事があっても、「お、あのマイナスが清算できた」と思えます。

13

「でも」の口癖をなくすと運と仲良くなれる

誰だって「運のいい人」になりたいですよね。運と仲良くなるコツは、自分のほんとうの感情を大切にして、自分がしたいこと、欲しいもの、楽しいと思うことを自分で選んで行動することです。それによってプラスの貯金を貯めることで、「いいことばかり」の「運のいい人」になれます。

たとえ残念なことが起きても（生きていればそれは避けられません）、人から見たらマイナスに思える出来事だって、自分のほんとうの感情を大切にしていれば、「マイナスを清算できたかな」「注意しなさいっていうことかな」「ここを変えればもっとよくなりそう」と思える。そう思えるのが「運のいい人」なんです。

ムリしてポジティブに考えるのではありません。自然にそう思えるようになります。

そういう人が、運を味方につけた人です。願いをどんどん叶える人です。

このようにお話をすると、「そうしたいけど、できないから困っているんです」と言われる方が多いのです。自分には運がないと眠れないほど悩んで私のところに相談に来られる方もいます。

「家族とゆっくり過ごしたい。でも、夫が家事を手伝ってくれないから休日は私だけが家事に追われてしまう」「5つ星のレストランでディナーしてみたい。でも、お金がない」「彼に私だけを見てほしい。でも、彼が浮気をしている」

「でも、でも、でも……」です。

運がいいか悪いか。じつは、それは「でも」の口癖をなくせるかどうかなのです。

「でも」をなくすためには、まず自分のほんとうの感情を知る必要があります。

そう言うと、「自分の気持ちはわかっています」「自分がしたいことはわかっています」という人が多いのですが、「でも」を連発しているかぎり、自分のほんとうの感情も、自分がしたいことも正しく把握できていません。

ですから、相談に来る方へのわたしの役割は、まず自分のほんとうの感情を知るお手伝いをすることから始まります。そして、ほんとうの望みを叶えて幸せになるための行動や考え方を邪魔するブロックを見つけ、手放すお手伝いをすることです。

本書で、その内容をみなさんにお手伝いしたいと思います。

14

自分の世界のメガネを外す

「夫が（彼が）私の気持ちを全然わかってくれないんです」「家事をしてくれないんです」。それが不満だという相談者さんがいます。

「きちんと言葉で気持ちを伝えていますか？」と聞くと、「いちいち言わないと、わかってくれないのがイヤなんです」と。それはちょっと……と思います。だって、自分は相手が言わないこころの中を、きちんとわかってあげられるのでしょうか。

私は占いができますし、相手の気持ちを知ることはできます。でも、もしわかったとしても、先まわりしてなにかをしても、それを相手がどう思うかは相手次第なのです。

相手のこころの中をすべて把握することはできません。そもそも相手の気持ちを読めるかどうかは、重要なことではないのです。

夫だから、恋人だから、家族だからわかってくれるはず。わかってほしい。その気持ちはとてもよくわかります。みんなそれで悩んでいます。それは、自分の世界のメガネ（あなたワールド）でしか相手を見ていないからなんですね。

相手も自分のメガネで世界を見ていますから、お互いの気持ちをわかるなんて、奇跡に近いほど難しいことだということなんです。

それを望み、それが叶わないから、わたしは不幸だなんて思っているのだとしたら、ずっと幸せになれないのです。

「わかってほしい」「～してもらう」ではなく、自分のほんとうの感情を大切にして、自分から「～をしよう」に変えることです。相手に何かをさせたり、相手の気持ちを変えたりすることはできません。お互いにです。

相手を変えたいのなら自分が変わること。それがシンプルな法則です。わかってほしいなら、自分の感情を見つめ、整理してほんとうの感情を伝えなければなりません。「わたしのことを愛しているなら、わかるはず」というのは幻想です。わからないのです。

考えてみてください。あなたも「おいしいならおいしいと、言ってほしい」「愛してるって言ってほしい」と思っていませんか？

「いちいち言わなくてもわかるだろ」「わかってくれ」と相手も思っているんですよ。

互いに自分の望みだけを押し付けて、相手に甘えているんです。それに気づいて、自分のしてほしいことを先に相手に伝えることからはじめましょう。

15

自分の感情を強く伝えた相手からはより強いエネルギーが返ってくる

相手に自分の気持ちをきちんと伝えるって、ほんとうに大切なことです。それさえできれば、人間関係のほとんどの悩みは解決できるともいえそうです。それはハッピーな毎日のもとでもあります。

なので、怖がらずに自分の気持ちを伝えてください。言葉で伝えることが必須です。もちろん態度で伝わるものもありますが、特に人間である以上、言葉でのコミュニケーションを面倒くさがったり、怖がったりしないでください。

ただし、ここでひとつ間違ってほしくないことがあります。「あの人のここがイヤだから、はっきり言ってやる」というような、マイナスの感情を伝える場合です。

大切な相手であれば、伝えること自体は間違いではありません。ただし、伝え方に配慮が必要です。ほんとうの気持ちを伝えるというのは、相手になんでもぶつけるということではありません。伝え方によっては、違うメッセージが伝わることにもなります。出してしまった言葉は向けられた相手のものなので、その後は自分でコントロールできない。それは繰り返しお伝えしています。

マイナスな感情を受け取るのは誰でもイヤなもの。だから素直に聞けない場合が多いのです。**マイナスな気持ちを伝えたいのであれば、丁寧に時間をかけて、思いやりの気持ちで伝えたいもの。**

「言いたいことを言ってやろうと思っているのに、どうして優しくしなければならないの？」というのであれば、それは伝えなくていい感情かもしれません。

相手との今後の関係をよくしたいからこそ伝えるのです。言ってやって自分がすっきりしたいということであれば、それは相手にマイナスをぶつけるだけ。自分にも必ずマイナスが返ってきます。好きでもない相手と関わったことでマイナスが返ってくるくらいなら、関わり合わないほうがいいと思いませんか？

どちらにしても、**自分の気持ちを伝えた相手からは、いいことも悪いことも返ってきます。**関わり合った相手すべてにいえることですが、自分の感情を強く伝えた相手からは、より強いエネルギーが返ってくるのです。そのことを踏まえて、どうしても伝えたいことがマイナスなことでも恐れず伝えてください。きちんと真意が伝わるように、伝え方に注意をして。

16 言葉が感情を動かす

思ったこと、あったことを口に出している。わたしたちは、こんな光景を当たり前のように思っています。もちろん、それが大半です。けれど、それだけではありません。

口に出したことは、そのとおりになる。これも真実です。感情の動きに応じて言葉が出てくるだけでなく、言葉や行動によって感情が後づけで動くことは科学的にも証明されています。

「願いは紙に書いて貼ろう」「口に出そう」とは、よく言われることです。書いて貼って常に目にする。口に出して自分に言い聞かせる。目で見たり、耳で聞いたりすることの刷り込み効果です。同じようなことですが、潜在意識への働きかけもあります。

わたしたちは、自分で思う以上に言葉によって行動を決めたり、感情を動かしたりしているのです。

ある野球のコーチの話を聞いたことがあります。選手を指導するとき「悪い球に手を出すな」と言っていた。これはごく当たり前のことですし、選手であれば自分でも悪い球には手を出さないと思っているはずです。

ところが、いくら言ってもボール球につい手を出してストライクをとられてしまう。ではどうすればいいのか。

「いい球を選んで振れ」と言うのだそうです。そのように言葉を変えてからは、ボール球にうっかり手を出す確率がグンと減ったそうです。

これほどまで、わたしたちは言葉に引きずられるのです。「～するな」と最初に言ってしまうと、それに引きずられます。相手の中に入ってしまってしまうのです。

子どもに「飛び出しちゃダメ」と最初に言うのも間違いですね。「左右をよく見て安全を確認してから渡りなさい」と、言葉をかけなければいけません。

「疲れた」と言っている人は、どんどん元気がなくなります。「忙しかったけれど充実していた」と言えば、たとえ体は疲れていても気力はハツラツとします。「よし、やるぞ！」と自分に声をかけると、なんとなく元気が出るような気がしませんか？

あなたがよく口にする言葉を思い出してみてください。**いい言葉を口にしていれば、いいことが起こる。思っているだけではなく、口にしたり書いたりするといいですよ。**

17
笑顔でいることは幸せへの第一歩

大昔から言われている言葉。誰もが聞いたことがある言葉。世界中に似たような言葉があるそうです。これがほんとうでないわけがありません。それに、言葉＝ことだま（言霊）には魂が宿っています。笑顔でいれば福が自然に来てしまうのです。

いまさら言うまでもないことかもしれませんが、悩んでいるとき、心配なことがあるとき、人はどうしても笑顔を忘れがちです。相談者さんを見ていてもよくわかります。けれど、そんなときこそ笑顔を忘れないでほしいと思います。

自分をいつわらず、ムリをせず自然な感情で過ごすことの大切さをお伝えしていますが、笑顔だけは多少ムリをしてもつくる価値があります。

たとえばお笑い療法を取り入れている病院があります。患者さんにお笑いを見せて笑わせることで、心身の健康を取り戻すというもの。老人ホームなどでは、元気でいるためにお笑い講座やお笑いセラピーを取り入れていることも。

お笑いを見て笑うというのは面白いからです。もちろん、それで楽しい気分になりますが、自分の心の底からの感情として喜びが湧き上がってきたということではありません。それでも全然ＯＫ。癒し効果は絶大なのです。

さらに、ほんとうは楽しい気分、いい気分でなくても、ムリにでも、とりあえず笑顔をつくっただけで脈や心拍数が安定する、体にいい変化が起こるという研究データもあるそうです。自然に笑うこと、それが難しい場合も、笑顔をつくることで、心身ともによい状態に向かうことがわかっているのです。

できることなら、自然に笑顔でいることがおすすめですが、あえて笑うことでほんとうに楽しい気分がついてくることもよくあります。どちらにしても、**笑うこと、笑顔でいることは幸せへの第一歩**です。

人は誰だって、不機嫌な人、何を考えているかわからない人といるよりも、楽しそうな人、笑顔でいる人に惹かれます。側にいたいと思うし、一緒にもっと楽しくなりたいと思います。それがほんとうの感情です。

人が集まる人の周りには福も集まってきます。なかには、そんな幸せそうな人に嫉妬する人もいますが、そんなことは関係ありません。自分が笑顔で楽しくしているかぎり、誰にも邪魔はできないのです。

18

「こころの中で感謝する」はあり得ない

このページのタイトルを見て「え？」と思う人が多いかもしれません。

あなたは感謝の気持ちを相手に伝えていますか？

家庭で、会社で、誰かの行動によって助かったとき、うれしかったとき、誰かの言葉によってあたたかな気持ちになったとき……。大きなことだけでなく、小さなことにも感謝の気持ちを伝えていますか？

「なにか特別なことがあったときは伝えるけれど、日常のささいなことは改めて口にしない」「会社などでは小マメに口にするよう気をつけているけれど、家族との間では当然なことだから口にしない」などと言う人も多いのでは？

そういう人は口を揃えて言います。「でもこころの中で感謝はしているし、相手もわかっているはず」

相手がわかっているかどうかは関係ありません。感謝をするのはあなたです。感謝をしているという感情があるのであれば、口に出して伝えなければなりません。なぜなら、感謝という言葉には「相手のしてくれたことをありがたく思い、それを相手に伝えること」という意味も含まれているそうです。相手に伝えることまで含めて感謝なのです。つまり「こころの中で感謝する」と言って、伝えるところまでやらないのはほんとうに感謝したことにならないのです。

だからといって、相手に「ちゃんとありがとうって言って」と強要しても意味がありません。それは「私に感謝しなさい」と無理強いすることになります。相手がほんとうは「ありがとう」と思っていた気持ちまでしらけさせてしまうかもしれません。

大丈夫。あなたが「ありがとう」を伝えていれば、必ず返ってきます。相手の行動や考えを直接変えることはできませんが、自分の行動や意識を変えることで、相手に影響を及ぼすのが自然です。

棚の上に置きっぱなしにした雑誌をラックに戻してくれた。食事を「おいしい」って言ってくれた。そんな小さなことでも「うれしいな」「よかった」「助かった」と思ったら「ありがとう」を口にしましょう。「それくらいのこと、してくれてあたりまえ」なんて思うのは自分にとってマイナスです。**感謝するって、自分が気持ちのいいプラス要素いっぱいのこと。その気持ちを言葉に出して伝えないのはもったいないですよ。**

19

どこからだってリ・スタートできる

わたしは40歳の頃までは専業主婦でした。今思うと、わたしは「守られて幸せに暮らす」という設定をしていたんですよね。公園デビューをして、子どものお受験の塾に行ったり、大好きな家族のために家事をしたり、充実した毎日でした。

長男のときはお受験ママでしたが、次男のときは、登校拒否のママとなりました。その困ったどうしよう、という状況がなければ、占いの勉強をすることはなかったでしょう。というよりも、そういうことがなければ動かないわたしに、困ってなんとかしなければならない出来事を、自分自身が引き起こしたのだと思っています。

なので、わたしが今このお仕事をしているのは、生まれる前に決めてきたわたしの使命だからじゃないかと、とても自然に思うのです。

もしあなたが今、お金に困っていたり、どうしても困っていてなんとかしたいことがあったり、自分に合った仕事をしたいなんて思っていたりするのなら、チャンスがきているのではないでしょうか？

現在のわたしは、ほんとうに自由です。大好きな仕事をし、想像もしなかった収入を得ています。家族それぞれがお互いに好きなことをしながら生活しています。夫や子どもたちは、わたしに不満があるかもしれません。いえ、きっとあるんです。でもそれでいいんです。運を味方につけて、今世での人生を楽しく生きていくには、相手がどう思うかではなくて、わたしがどう思うかが重要なのですから。サザエさんみたいな家族でなくていいのです。わたしが気持ちいい家族の形でよいのです。

リ・スタートというと、ガムシャラになって人生をやり直すといったイメージがあるかもしれません。それを願い、そうすることはもちろん素晴らしいことです。けれど、それだけではありません。**自分のほんとうの感情を大切にしていると、するべきこと、なすべきことに自然に導かれていく**というのも真実です。

自分のほんとうの感情がわかったとき、新たな人生、与えられた使命をまっとうする人生がはじまるのかもしれません。

人は年齢に縛られがちで、特に女性は年齢を意識しがちですが、**いくつのときに何をしてもいいんです。どんな状況からでも、ほんとうにしたいことを目指していいん**

です。

1章では、ほんとうの感情を大切にすることこそ幸せになる道であることをお伝えしてきました。それには、まず自分の感情を知ることが必要で、その助けになるよう19のテーマを取り上げ、お話ししてきました。

次章から、お金と愛の運がいい人が絶対やっている3つのツールについてお話しします。それによって、あなたの感情体質も運のいい感情体質に変えることができます。

今、あなたは幸せになりたいと思っているはず。運のいい人になりたいと思っているはず。当然です。あなたには、そして誰にもその権利があります。幸せになれる資質が備わっています。

必要なのは
・あなたの行動を邪魔している感情のブロックを外すことと
・「愛の勘違い」を引き起こす感情体質をチェンジすること
・「お金の勘違い」を引き起こす感情体質をチェンジすること
という3つのルールを実践するだけです。

さあ、これから一緒に取り組みましょう。

《やってみて！　3つのワーク》

［自分の感情を意識する習慣をつける］

自分のほんとうの感情を大切にすることがカギですが、そもそも自分の感情と向き合うことは、なかなか難しいことかもしれません。

そこで、**自分の気持ちを書くようにしてください。**この本を読みながら感じたことを書くのもいいですよ。

できればお気に入りのノートやメモ帳を用意するといいでしょう。スマホのメモでもいいし、とにかく書けるものを用意してくださいね。

書いたものを視覚で認識すると、潜在意識に入りやすいのです。目で見ることで、自分の感情を意識する習慣をつけていきましょう。

［モヤモヤした感情を書いてみる］

自分が「イヤだなー」とか「できないなー」とか「こんなことするのムリー」

とか。「どうせ私のことなんて、あの人キライなんだわ」なんて感じたとき、あなたの中の何かが反応しています。感情が動いている証拠です。

その、**ざわざわモヤモヤした自分の感情を書いてみましょう。**

今まで、こんなこと思っちゃいけないなんて自分の感情を見ないようにしてきたなら、その感情を書いてみましょう。自分が気づくところからはじめればいいのです。

【ブラックな自分に許可を出す】

自分がイヤだと感じることを出していくと、「わたしって、こんなこと思っていたんだ……」って、はじめは落ち込みます。そんないけない人、悪い人になりたくなくて、自分の感情を隠していたともいえるからです。

そんなブラックな自分に許可を出してください。いいんです、イヤな人がいたって。腹の立っていること、ムカつくこと、理不尽だって思うイヤなことを出しましょう。そんな感情のある自分に許可（ＯＫのサイン）を出してあげましょう。

あなたの思っている悪い人がほんとうに悪い人なのかを知ってもらうためにも、

これをやってもらいたいのです。

感情を意識する

▼

注目するのはイヤなこと

▼

ブラックな自分に許可を出す

Chapter 2

あなたの行動を
邪魔している
感情のブロックを外す

01

女性はなぜぶりっ子がキライなのか

女性にキラわれる女性っていますよね。そういう女性のほとんどは、男性からは「かわいらしい」「守ってあげたい」などと思われています。美人だとか、センスがいいとか、スタイルがいいなんていう見た目とは別に、男性に人気があります。

なぜでしょうか？　それは、いつでもふんわりとした笑顔と雰囲気で甘え上手。ちょっと頼りなかったり天然系だったりするので、男の人たちは放っておけない気がしてしまうのです。

そう、いわゆる「ぶりっ子」です。だから女性はキラいます。

「ほんとうはできることも、できないふりをしている」「彼氏でもない男性に甘えて、気をもたせるようなことをしている」「仕事よりも男の気をひくことばかり考えている」

でも、ほんとうにそうなのでしょうか？　できるとかできないとかじゃなくて「わたしが、わたしが」と前に出ず、できる人、やりたい人に任せているだけかもしれません。

別に気をもたせてなんていないかもしれません。ただ、かわいく甘えるのが上手なだけなのかも。でも、彼氏でもない男性に甘えるなんていけない？

ぶりっ子がなぜキライなのか。男性にチヤホヤされるからです。「わたしは男性にチヤホヤされたいなんて思っていない」という方がいます。

それならば、ぶりっ子を見てもなんとも思わないはずなのです。もちろん、自分の彼氏に他の女性がぶりぶりしてきたら、イヤな気持ちになるでしょう。でも、それとこれとは話が別です。

自分に害があるわけでもないのに、女性同士で「あの人、ぶりっ子でイヤ」というのは、**その女性に対する嫉妬**なんです。

そして、ぶりっ子に簡単にだまされるバカな男もイヤなのでしょうか？

かわいいと思う相手と親しくしたいのは当然です。男性は女性に甘えられるのが好きです。女性に甘えられて頑張れる生き物なのです。甘えられて張り切るのは正しい姿です。

それでもだまされていると思うのは、自分の世界のメガネ（あなたワールド）で見た、あなたの見方なのです（52ページ参照）。

大事なのは、その女性がいなかったとしても、男性はぶりっ子バッシングで盛り上がっている女性には近づかないということです。

羨ましいなら、ぶりっ子なんてイヤだと言っていないで、お手本にすればいいのです。そんなことするのがイヤというなら、ムリにしなくてかまいません。

でも、どこかでぶりっ子がイヤ、ウザいと思っているのなら、目の前のぶりっ子さんではなく、あなたの中にある「したくてもできない気持ち（感情のブロック）」が不快感をもたらしているということを知っておいてくださいね。

02

お母さんの影響がいちばん大きい

こころの奥底でほんとうはしたいと思っているのに、できない。そんなこと、してはいけないと思っている。それが感情のブロックです。

彼氏でもない男性に甘えて、みんなにチヤホヤしてもらう。女性同士で語るとき、ぶりっ子はまるで害悪のようにいわれます。でも、よくよく考えてみると、その何がいけないのでしょうか？　他人の彼氏を寝取ったわけでもなく、仕事をサボっているわけでもありません。男の人に理由もなく奢ってもらったり、難しい仕事を手伝ってもらったり。そんなぶりっ子のどこがいけないのでしょうか？

その女性が得をしていると思うから羨ましくて嫉妬しているのではないでしょうか？　羨ましいなら自分もすればいい。女性には得になり、男性だって喜んでしているのだから、むしろいいことだと思います。お手本がすぐ目の前にあるなら、ありがたいことです。

感情の奥の奥に巣食ったブロックが、自分の感情に素直に行動することを邪魔しています。いろいろな理由をムリヤリ見つけては、「そんなことしちゃダメ」と囁きます。そのブロックは、誰にでも必ずあるものです。

ではどうやってブロックができたのでしょうか。

わたしたちは全員、例外なくお母さんから生まれてきます。最初の使命はお母さんを助けるため、自分でお母さんを選んで生まれてくるといわれているのです。そして、そのお母さんから、自分の使命を果たすために必要なブロックがつくられていくのです。

もちろん、お母さんだけでなく、お父さんや祖父母、関わってきた人たちからもブロックはつくられます。すべて必要だからつくられます。そのなかでも、**自分で決めて生まれてきた大好きなお母さんからの影響が、いちばん大きい**ものとなります。

女の子なんだから、おしとやかにしなさい。

女の子だからといって甘えないで、自立した人間になりなさい。

たとえば、こういう親の考え方によって、それぞれ違うブロックを、こころの中につくっていきます。

女の子はおしとやかにしなくてはいけない。女の子でも甘えないほうが自立できる。

お母さんを助けるため、お母さんを
選んで生まれてきたから…

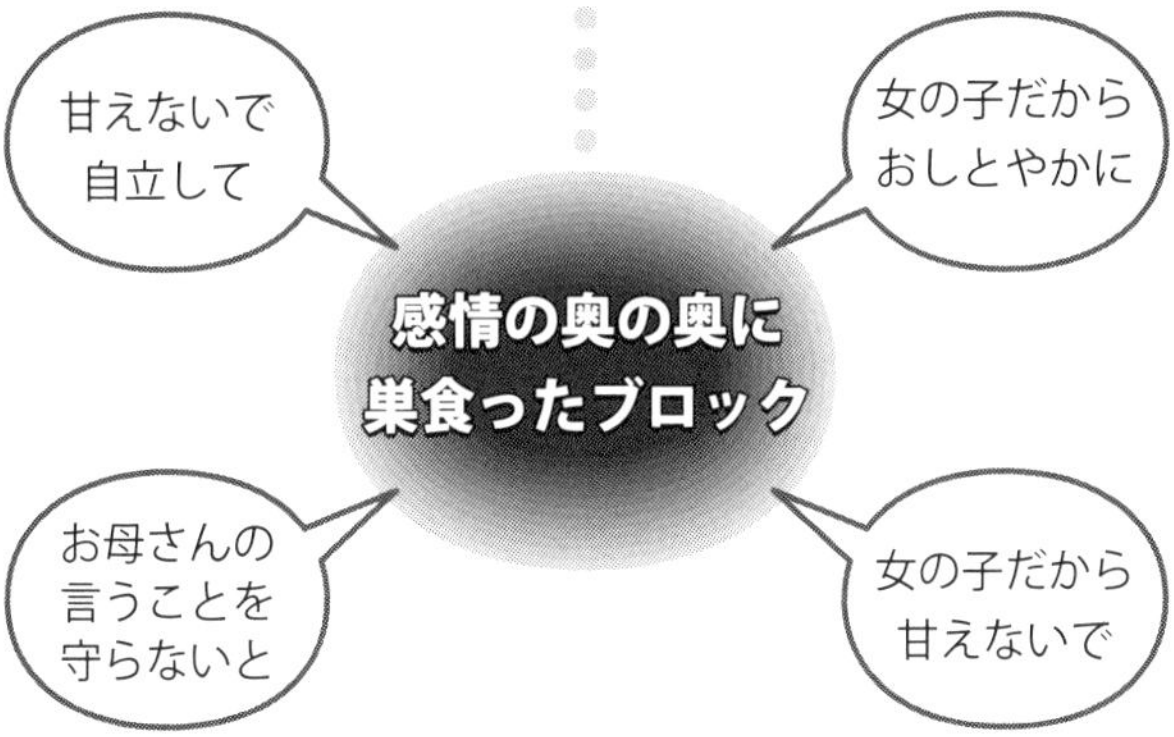
甘えないで
自立して
女の子だから
おしとやかに
感情の奥の奥に
巣食ったブロック
お母さんの
言うことを
守らないと
女の子だから
甘えないで

そういう思い込みのブロックができていくのです。

実際に、こう思ってずっと生きてきた場合、「おしとやかでなくてはいけない」と思い込んでいますので、そうでない人を見ると腹が立ったりします。お母さんに言われて守ってきたこと、自分のしてきたことを否定されたような気がするのですよね。

そうして、甘えないほうが自立した人になれると思い込み、甘えることはいけないことだと思って、甘えられない自分をつくっていくのです。

こんなふうにいろんな思い込みと勘違いで、～できないというブロックがつくられていきます。

03

どうして思ったように動けないのか？

「ブロックなんて関係ありません。わたしは、ぶりっ子がほんとうにイヤなんです」そういう人もいます。ぶりっ子の例だけでなく、感情のブロックに気づかず、自分がほんとうにしたいことを、あえて避けたり、嫌ったりする人が多いのです。ところが、初めはみなさん、自分のブロックを認めないのです。

わたしのところに来られる相談者さんには、まずは自分のこころの中をしっかりと見つめてもらうことからはじめます。Yちゃんの例でみてみましょう。

Yちゃん　ぶりっ子している女性が大キライなんです。

わたし　なぜイヤなのかな？

Yちゃん　男性にコビを売っているようでみっともない。見ていたくないからです。

わたし　Yちゃんは男性にコビを売るのは、見るのもイヤなほどみっともないと思っているんですね。もっとどんなふうに感じているのか、自分の感情を出してみて。ここにはわたし以外は誰もいないからなにをいっても大丈夫ですよ。
Yちゃん　えーっとですね。うん。女のズルさを感じます。ああいう人がいるから、どうせ女はといわれるんです。

こんなふうにYちゃんは思っていました。けれど、そもそも、なぜコビを売ってはいけないのか？　それをしたらなんでズルいのか？　そして、そのことで「どうせ女は」とほんとうに言われているのか。この3つは、ほんとうに真実か？

Yちゃんのこころを掘って、突き詰めて考えていくと、じつは、理由は自分の中にあることがわかります。

ぶりっ子さんがどうこうではなく、自分の問題なのです。自分の問題を勝手に誰かのせいにして、怒ったり、同意見の仲間と文句を言い合って盛り上がったりして、自分の感情にフタをしてしまうのです。

あなたがしたいことができないのは、ぶりっ子さんが邪魔しているからではありません。あなたをイライラさせているのは、目の前のぶりっ子さんではなく、じつは、自分のしたいことをできないでいるあなた自身なのです。

男性に甘えたい。好かれたい。優しくされたい。女性であれば普通の感情です。でも、男性に好かれると女性からキラわれるかもしれない。軽い女だと見られるかもしれない。女性からもキラわれたくない。軽い女になってはいけない。

そういう気持ちや刷り込みから、他人の目が気になり、自分の感情を素直に出せなくなっています。

したいことができないのは、そうした感情のブロックが原因です。自分でも気づいていないこの感情のブロックを見つけ出すだけで、したいことに一歩踏み出せる人が大勢います。

不要なブロックは解消して、気持ちよく生きていくことが目的ですが、ブロックの正体を知るだけでも、すでに新しい一歩を踏み出せているんです。

ブロックを見つけ出すためには、自分の感情に向き合って、あなたのこころの奥にあるほんとうの感情を知る必要があります。

04

イヤな気分はブロックからのサイン

わたしのところに来る相談者さんは、みなさんお悩みを抱えています。悩みがなくて毎日ハッピーなら、占いやカウンセリングに行こうと思わないのが普通ですものね。なので、不安なこと、イヤなこと、気持ちが落ち着かないことを抱えています。

イヤなことが具体的な場合もあれば、そうではない場合もあります。たとえば彼が浮気をしているのがわかってイヤ。どうにかしたいという場合と、最近なんとなく彼の気持ちが離れているような気がする。この不安をどうにかしたいという場合。

浮気をしているのが事実であれば、対処法はあります。3章でくわしく書きますが、自分がどうしたいのかを考え、それがわかったらそのためにするべきことをする。そう、彼の浮気という事実に対しても、まず自分がどうしたいのかを、よくよく考える必要があります。

漠然とした不安をどうにかしたい場合は、まずその不安を具体的にすることからはじめます。なぜ自分が不安を感じるのか。それがわかれば、どうしたら不安ではなくなるのかがわかります。もし彼が浮気をしていたら〇〇しようとか、していなかったら〇〇と言おうとか、そういうことは想定しないでくださいね。相手のことを自分が想定しても意味がないからです。

自分の行動によって、相手がどう思うかを考えるよりも、自分がどうしたいのかが大切なことなのです。相手が今、誰となにをしているのかとか、誰のことをどう思っているのかを想像するのはムダなことなんです。

とにかく、**どんなときでも自分の感情の奥の奥まで、どうしてそう思うのかをきちんと見つめることから、すべてははじまります**。このとき、イヤな気分は大切なサインでありヒントになります。楽しい気分のときは、あれこれ考えず楽しいことに没頭していればいいからです。

イヤな気持ちになる。気持ちがザワつく。ムカつく。悲しくなる。不安になる。そういうとき、わたしたちは自分の気持ちや周囲のことを見つめ直そうとします。自分の感情の奥にあるブロックが気づいてほしがっているのです。**したいことがあるからこそ、希望があるからこそ、邪魔になるブロックが存在を主張している**のです。

イヤな気分は、本当にしたいことに向かおうとするサインなのです。

05

「あなたのために」は自分のため

わたしはあなたのために、こんなにしてあげた。

そんな言葉を聞いたことはありますか？　言ったことはありませんか？

男女の間はもちろん、友人同士でも仕事関係でも、いろいろな場面で使われる言葉です。この言葉の報われないところは、こういった時点で相手は「知らんがな」と思っていることです。相手が「こんなにしてもらってありがとう」と思っていたら、すでに言葉や行動でお返しをしているでしょうし、そのお返しをされたほう（してあげたほう）も満足して「こんなにしてあげた」なんて言わないわけです。

こんなにしてあげたのに、相手がわかってくれない。感謝してくれない。お返ししてくれないと思うから、責めるような言葉になって出てきます。

わたしが勝手にしてあげて、恩着せがましくしているわけじゃない。頼まれたから、してあげたんだ、という人もいます。けれど、頼まれたことをしてあげると決めたのは、その人自身です。脅迫されたり無理強いされたりしたわけじゃない（そうであれば、してあげた云々より他に言うべきことがあります）。「してあげた」と言うのは、自分が選んでしたからです。

では、「あなたのため」にしてあげたのはなぜでしょうか？　あなたに好かれたいから。よく思われたいから。感謝してほしいから。つまり、「あなたのため」は自分のためなんです。

そんなことはない。ほんとうに相手が困っているから、相手がかわいそうだから、相手のためを思ってしたとしたら、どうでしょうか。だったら感謝されなくても、お返しされなくても、無視されてもいいはずです。相手が助かって、かわいそうな状態じゃなくなって、それだけでうれしいはず、満足なはずだから。

自分の感情に素直になれば、したくないことはしない。したいことはすべて自分のためにしている。だから、自分でしたことに対して相手の評価や結果は求めません。自分のしたことそのもので、いつも自分がうれしいし、満足なんです。しかも、それがほんとうに相手に喜ばれたとしたら、どこかでプラスエネルギーになって返ってきます。

そんなのキレイごとだと思いますか？　実際に体験すればすぐにわかりますよ。

06

感情のブロックは必要があるから存在する

それにしても、感情のブロックってほんとうにやっかいもの。そう思いますか？

でもね、ブロックは必要があるから存在しています。ブロックがまったくない人はいません。どんなに自由でのびのびしている人でも、ブロックはあります。わたしにもいくつもあります。今でも自分の中にある新たなブロックに気づくことがあります。したいことをするためには、自分の感情に素直になるためには、邪魔なブロックを外したほうがいいのはたしかです。

けれど、感情のブロックがあったからこそ、今のあなたがいます。**わたしたちは、ブロックがあるからこそ頑張ったり、成長したりするのです。**なにもイヤなことのない平和な世界で、人は切磋琢磨したり、したいことのために頑張ったり、涙が出るほどうれしいことに出会えるでしょうか？

特に成長の過程では、ブロックがあることがとても重要です。たとえば家族の人間関係に問題があって閉じ込めてきた感情があれば、それを乗り越えるために、自分は人にどう接するべきか、悩んだり、迷ったり、考えたりします。それはムダではないのです。

ただ、コンプレックスや悲しみ、苦しみ、勝手につくりだしたタブーなどをこころの奥深くに閉じ込めてブロックにしてしまった場合、そのときがきたなら解放したほうがラクちんなのです。そうしないと、新たな、自由な自分へと進めなくなってしまうのです。

感情のブロックを解消するということは、ブロックがあること、ブロックを抱え込んできたことが悪いという意味ではありません。今、自分がしたいことをするために邪魔になっているブロックに気づいて取り除けばいいということです。

自分の中にある感情のブロックを怖れないでください。むやみにキラわないでください。今まで、そのブロックがあることで、頑張ったり、考えたり、結果を出したりしたこともあったでしょう。悩んだこともあったかもしれません。

そんな感情のブロックを抱えてきた自分を見つけたら、まずその自分を認めてあげてくださいね。それが、ブロックを解消するための一歩となります。

07

感情のブロックは車のブレーキのようなもの

人生を車にたとえて、感情のブロックを考えてみます。ブレーキがブロックに相当します。アクセルは自分の好きなこと、したいことです。

ちょっとのことでこわがって、すぐにブレーキをかけてしまう。スピードを出すのがこわくて、すいすい進めるときでもブレーキを踏んでスピードを落とす。それは安全運転ですが、もっとスムーズに進めるところも進めなくなってしまう可能性があります。

目的の場所に行くまで時間がかかりすぎる。時間がかかりそうだから行くのをやめてしまおうと思うこともあるかもしれないし、たどりつけないこともあるかも。同乗者にとっては、そんなに怖々と運転している人の車に乗っているのは気分がいいものではありません。

結局、わたしにはやっぱりムリだった、行こうとするんじゃなかったと、もっとブロックのブレーキを踏んでしまう。また行こうと思っても、やっぱりダメだとブレーキを踏んでしまう。そうして、できないブロックの悪循環が繰り返されるのです。

かといって、ブレーキのない車は運転できません。そんな車は危なすぎます。

目的地に安全にスムーズに到着するためには、周囲や自分の状況に合わせてスピードを適切にコントロールする必要があります。ぐんぐんスピードを出して快適に運転できるときもあれば、疲れて休憩したほうがいいときもあります。それを的確に見定めて運転できれば、人生というドライブは楽しく快適になります。

初心者のうちは、あまりスピードを出しすぎず、ブレーキを踏むことも多くていいのです。子どものときは人生の練習期間。学ぶことがたくさんあるので、しっかりブロックのブレーキを踏むことが必要です。

運転に慣れてきて遠くまで行けるようになったら、自分が行きたい場所に向かって、高速道路でぐんぐん進んでも大丈夫。ブレーキを踏む必要もあまりありません。ブレーキよりもアクセルを踏んで、ドライブを楽しめばいいのです。

人生を進むときも同じです。**必要以上に感情のブロックというブレーキを踏みすぎていると、人生を楽しむことができません。**

08 イラッとすることは「マジックノート」に書いてみる

イヤな気持ちになることはブロックからのサインとお話ししましたが、イラッとくること、イヤな気持ちになることは、誰だって避けたいですよね。それでも、イヤな気持ちになったり、気持ちがモヤモヤしたりしたときは、自分の感情を見つめる材料に利用してしまいましょう。

モヤモヤすること、イラッとすることは日々たくさんあるはずです。家の中で家族に対しても、外に出て道や電車の中でたまたま接する見知らぬ人にも、一緒に仕事をする人やお客様などにも、イラッとしたり、モヤモヤしたりまったくしないで終わった一日ってありますか?

たとえば、今日のイラッとかモヤを完全に忘れてしまえるなら、それがベターです。でも、忘れようとしても忘れられない、誰かに話したい、今はよくてもなにかのきっかけで思い出すということなら、それは解消したほうがラクちんだと思います。

そのためには、イラッやモヤのネタをノートに書き留めます。わたしは、これを「マジックノート」と呼んでいます。マジックノートには、イヤなことだけでなく、うれしかったこと、**感動したことなどこころが動いたことも書き留めます。**

ノートに書くと、客観的に見やすくなります。グチを友達に話していると、「わかる、わかる」「えー、ひどいねー」なんて言われたりして、気持ちがもっとエスカレートしてしまうことがあります。

話すことで発散するのもありですが、その場合も、マジックノートに書き留めておくと、後で見て冷静になれます。友達に言われたことや、それをどう思ったかなども書いておくと、さらにわかりやすいです。

客観視すること、冷静になること自体がマジックノートの目的ではありません。**自分の感情の動きがわかることが大切**です。自分に気になる出来事があって、自分がどう思ったか、どう感じたか、それを見ると、自分のこころの中がわかってくるからです。どんなときに怒って、どんなことでモヤッとするのか。なにがうれしいのか。どんな言葉に喜びを感じるのか。

「そんなこと、わかってるよ、自分のことだもの」。そうでしょうか？　試しに書いてみると、きっとわかります。自分のことって意外とわかってないものなんですよね。

09 口グセも自分の感情を知るヒント

じつは思った以上にわかっていない自分のこと。周囲の人に見せている自分の感情の奥にある、ほんとうの感情。それを知る、それに気づくためのヒントはいろいろあります。カウンセリングを受けるのも、もちろんそうですし、イラッとすることもそうですが、口グセも身近なヒントです。

あなたは自分の口グセを意識していますか？　意識しているものもあれば、気が付いていないものもあるかもしれません。

たとえば「どうせわたしなんて……」「どうせそんなことしたって……」。この「どうせ」はクセものです。「どうせ」には、わたしにはそんな力はありません、そんなことしてもムダですといった、自分も周りも否定する感情が込められています。

謙遜しているようで、あきらめています。そもそも謙遜自体、美徳ではありません。今のこのままの自分を認めてあげないと、いつまでも自分を認めることができないのです。誰にだって苦手なことはあります。でも得意なこともあるはずです。その価値を自分で認めてあげましょう。

自分で今思っていることをしゃべってみて、それを録音してみます。何度も出てくる言葉が口グセです。その中に、もし「だって」があれば、ちょっと意識してみてください。

「どうせ」より、もっとクセものなのは「だって」という言葉。これが口グセになっていたら要注意です。「だって」は、相手の言葉を否定するための言葉。「違うんです」「そうじゃないんです」と言っているのです。

「だって」という時点で、相手はもう否定されたと思ってしまいます。どんなにそんなことはないと言っても、そう思ってはくれないでしょう。

言いたいことを押し殺せというのではありません。「だって」を言わなくていいような行動をする。そして**相手の言うことは、一度素直に聞いてみる。そのうえで、やはり伝えておいたほうがいいことがあれば、否定ではない形で伝えればいい**のです。

言葉は言霊。いったん口に出すと、それをどう感じるかは相手が決めることです。口癖なら、相手に与える影響はさらに強くなっていきます。「よかった」「うれしい」「楽しい」「やった!」そんな口グセなら、いくらでも口に出してくださいね。

10 大事な場面で邪魔するブロックを探すには

大事なときほど失敗してしまう。大切な人ほど、うまく気持ちが伝わらない。そんな悩みを抱えている人が多くいます。

一生懸命準備したのに、いろいろ考えて臨んだのに、なぜか想定外のことが起きたり、うっかりミスをしてしまったり、予想もつかない反応をされたり。どうでもいいことでは失敗なんてそれほどしないのに、どうして絶対失敗したくないことに限って失敗してしまうのでしょうか。

大事だから、大切だからこそ、失敗したらどうしよう、なくしたらどうしようと怖れる気持ちが生まれます。緊張したり、いつもどおりにのびのびできなかったりします。そして過去の失敗などを思い返して、そのときにできた感情のブロックを発動してしまったり、新たなブロックをつくってしまったりします。

それは、とても人間らしいことです。そして、その体験が自分のほんとうの感情を知るためのヒントにもなります。

土壇場に強い人、大舞台ほどイキイキする人もいます。そういう人は、大事な場面に直面したときマイナスに作用する感情のブロックが無いのでしょう。もともと無いのかもしれないし、克服してきたのかもしれません。

大事な場面で邪魔するブロックを探すには、**何をいちばんイヤだと思っているのか？　失敗するのがどうしてイヤなのか？　失敗をしたら何が起こると思っているのか？　自分の恐れているものは何なのか？　どの場面でどうしたいと思っているのか？**　などと、こころの中に問い掛けてみましょう。

自分のことは、なかなかわからないと書きましたが、じつは見つめ方が合っているとわかってきます。

はじめに見つめるときには、今の自分を責めないでくださいね。失敗するからダメ、わたしなんてうまくいかない、そんなふうに思って否定しながら見つめないでほしいのです。

そんな**マイナス思考になっている自分に注意しながら見つめていくと、今のあなたを邪魔しているブロックがわかります。**わかったら、そこからスタートすることができます。

11 マイナス思考はひたすらマイナスなだけ

感情のブロックが問題になるのは、マイナス思考を伴うことです。先ほどの「どうせ」「だって」という口癖もマイナス思考によるものです。

もちろん、どんなことにもプラス面とマイナス面があり、両面でバランスを保っています。たとえば臆病といえばマイナスのイメージですが、慎重というプラスの働きに変わることもあります。図々しいといえばマイナスのイメージですが、積極的というプラスの働きに変わることもあります。

しかし、マイナスの思考は、それこそマイナスなだけ。慎重でも注意深いわけでもありません。このマイナス思考の癖がついてしまうと、それはムダだからやめなさいといくら言ってもやめられるものではありません。

「こじらせ女子」なんていう言葉がありました。自分に自信がなくて、マイナス思考で。たとえば、誰にも関わらずひっそりと生きていたいと言いながら、そのようにふるまいながら、どこかで自分を認めてもらいたいと思っているし、わたしにだって幸せになる権利があるのにと思っている。

そうです。誰だって認められたいし、幸せになる権利があります。生きたいように、したいようにしていいんです。大丈夫ですと言うと、それなら、マイナス思考のままの自分でもいいはずだから、ひっそりと身を潜めて、運命の人が現れるのを待っていると言う人もいます。

でも、それは違います。ほんとうに運命の人に出会いたいのならば、そのために出会いを求めて外に出ること、自分をアピールすることが必要です。

マイナス思考の人は、できない理由、うまくいかない理由を探しています。探して、できない自分を安心させようとします。たとえば、駅のエスカレーターから転がり落ちたとします。手足を擦りむいて流血し、めっちゃ恥ずかしかったけれど（わたしのことです）、この程度のケガで済んでよかった、他の人を巻き込まなくてラッキーと思うか、「なんでこんな目に……もうヤダ、わたしってダメだ」と思うか。

エスカレーターで転んでも、人生の大きな問題にはなりません。誰かの笑い話になっているかもしれませんが、いい笑いのネタを周りの人に提供したことで、プラスが返ってくるかもしれないのです。

12

メッセージを生かせばマイナスはプラスに変わる

「マイナス思考がよくないのはわかっている。だけど、それができないから悩んでしまうんです」

マイナス思考の人はそう言うかもしれません。でも、**自分がマイナス思考だってわかったなら、プラス思考になりたいのにできないと自覚しているのなら、すでに、できるようになるスタートラインに立っている**のです。

あとは前に一歩踏み出すだけです。たとえば、マイナス思考だからこそできることがあります。起きた事実に対して、まずは思い切り悪いことを想定してみるのです。

先ほどのわたしのエスカレーター事件でいえば、駅のエスカレーターから転げ落ちて骨折するかもしれなかった。もしかして頭を打つかもしれなかった。落ちる途中で人にぶつかって、その人にもケガをさせ、損害賠償を求められたかもしれなかった。最悪、その人の打ちどころが悪くて業務上過失致死罪に問われたかもしれない。けっして可能性ゼロの話ではありません。

では、実際に自分に起きたことはなんだったのか。手足を擦りむいて血が出た。消えてしまいたいほど恥ずかしかった。

どうでしょう。起きたことは、たいしたことなく思えませんか？

じゃぁ、骨折したら？　人にケガをさせたら？　そんな起きてもいないことを考える必要はないと思います。転んでケガをしたことで、これからは注意するようになる。だから、これからは大丈夫。そういうことです。

教訓はちゃんと用意されています。それをしっかり受け止めて生かしていけばいい。でも、マイナス思考が過ぎると、せっかくの警告や教訓といったメッセージを正しく受け取れなくなります。それがいちばんの問題です。

「こんなひどい目にあった。恥ずかしかった。だから人の多いところはキライ。自分はいつも失敗する」。これでは、これからエスカレーターに乗るときの教訓になっていきません。

すべてのことは必要があって起きている。どんなメッセージがあるのかを探って、今後に生かしていこう。そんなふうに意識すれば、マイナスは単なるマイナスではなくなります。そうしてメッセージを生かしていくことで、プラスに変わります。

13
「できない」を「できる」に変えるキラキラ・マジック

この本の中で伝えたい大事な大事なことのひとつがこれです。あなたはしたいように生きていい、楽しく生きていい、ということです。わたしのメルマガでも、繰り返し伝えています。

もちろん、わがままに、したい放題にしていいということではありません。周囲の人に迷惑をかけるようなことは、めぐりめぐって必ずマイナスとして返ってきます。でも「こんなことしたら悪いかな」「きらわれちゃうかな」「迷惑かな」と勝手に考えてガマンすることもありません。迷惑をかけないようにと考えていることって、相手にとってはどうでもいいことも多いのです。そもそも、ほんとうに迷惑をかける人は、相手にとって迷惑かどうかなんて考えていません。

これをしたら悪いかな、迷惑かな、と相手の気持ちや状況を考える人がすることは、たいていの場合、そんなに迷惑なことじゃありません(少し手間とか、面倒くさい程度のことはあっても)。たとえ少しくらい迷惑なことでも、どうしてもしたいことであれば、お願いしたりチャレンジしたりしてみてもいいんじゃないかと思います。

ほんとうはこうしたいけれど、ダメといわれて育ってきた。これが欲しいけれど、わたしには贅沢かな。こんなこと言ったら、わがままな人と思われちゃうかな。

あなたは、ほんとうはしたいこと、いくつありますか？　それを書き出したうえで、実現できない理由を考えてみましょう。

その理由を見て、あなたが、やっぱりやめたほうがいいと納得できるのであれば、しなくてもいいのです。でも、ほんとうはしたいけれど、他人の目が気になったり、うまくいかなかったときのことを考えてためらったりしていませんか。いろいろな理由づけをして、あきらめていませんか。

それはもったいないことです。**したいというのがほんとうの感情なら、それを大切にしてやればいい。やればできるとキラキラ・マジックをかけてみてください。**

ただし、やり方には気をつけましょう。表面だけを見てがむしゃらに突き進むのでは、うまくいくこともいきません。自分のほんとうの感情を見つめて納得し、素直になって楽しんで行動すれば、きっと大丈夫。ひとつできれば、その次も、その次も……したいことが、どんどん叶うはずです。

14

自分のほんとうの感情を伝えれば、相手は動いてくれる

「言わなくてもわかって」は、甘えだ（依存のほうの）とお話ししました。わかってもらうためには、伝えることです。しっかり伝えればわかってもらえることは多いはず。

では、正しく伝えるためにどうすればいいか。いちばん大切なのは自分のほんとうの感情を伝えることですが、ここを間違ってしまう人がいます。

「夫にやっと自分の言いたいことが言えました」という相談者さん。聞いてみると、夫がリビングに靴下を脱ぎ散らかすのがイヤでイヤで、ずっとガマンして片付けていたそうです。それを「靴下を脱いだら、すぐに洗濯機に入れて」と言えた。そう言うのです。そんなことと思いますか？　この相談者さんにしたら、ずっと言いたかったことを伝えられたという気持ちでしょう。

でも、この相談者さんは自分のほんとうの感情を伝えてはいません。表面的な事実を伝えただけなのです。それでも、夫は靴下を洗濯機に入れるようになるかもしれません。それで相談者さんも最初は満足するかもしれませんが、次第に別のことが気に

なるでしょう。

靴下を脱ぎ散らかすことが、自分はなぜそんなにイヤなのか。ここを見つめなければ、自分がほんとうに望んでいることがわかりません。

靴下を脱ぎ散らかしたまま、テレビを見たりゲームをしたりする夫。リビングに脱いだ靴下があるのはイヤです。だから自分が洗濯機に入れる。それに対して、夫はなんとも思っていない。改めることなく、また脱ぎ散らかす。

わたしがいちいち片付けているのに、どうしてわからないの。直してくれないの。この不満は、靴下だけのことではないはずです。家事をしているわたしをねぎらってくれない。やってもらって当たり前だと思っている。ほんとうの不満はそこにあり、大事にしてほしい、ねぎらってほしいというのが望みです。だから、片付けてくれない靴下を見ると、悲しくなってわかってくれない夫に怒りがわいてくるのです。

その気持ちを伝えないまま、自分のしてほしいことをやってもらおうとすると、相手をコントロールすることになります。誰でも、人からコントロールされるのはイヤなので、願うようにはなかなかやってくれません。

自分のほんとうの気持ちをこんなふうに伝えてみたらどうでしょうか。

「いつも靴下がそのままになっていると、悲しくなるんだよね」「わたしの言ってることをわかってくれない……。それはわたしのことを大切に思ってないんだと思ってしまうの」

こう言うと、とりあえずあなたがイヤだ、悲しいと思っていることは伝わります。

でも、片付けるか片付けないかは相手の自由なのです。あくまで相手の自由にまかせていると、わたしの今までの経験でいえば、片付ける夫になっていくはずです。

もうひとつ方法があります。**してほしいことを甘えてお願いする**のです。誰かに自分のお願いを聞いてもらうためには報酬が必要です。それはお金でなくても、あなたの笑顔やありがとうの言葉でもいいのです。

「靴下を脱いだら洗濯機に入れてくれるとうれしいなー」と伝えてみてくださいね。

「靴下ぐらい洗濯機に入れてよ」という命令、強要ではなく、「こうしてくれたらうれしい」「助かる」とおねだりのようにお願いする。協力してくれたら「ありがとう」と、めちゃめちゃ喜ぶ。あなたに「ありがとう」と言ってほしくて、喜ばれたくて、きっと靴下を片付けるだけでなく、家族でもっと楽しく過ごすために協力してくれるようになりますよ。

15

「なんだかヤル気がわいてきた」をムダにしない

なにもヤル気がわかない。そういうときってあります。逆に、なんとなくヤル気がわいてくること、なんだかワクワクすることもありますよね。そんなときは、宇宙からのメッセージを受け取っているんです。

朝早く自然に目が覚めて、いつもなら布団から出たくないのに、なんだか起きて散歩でもしたい気分。今日は特に予定はないのに、なんだか出掛けたい気分。そんなときは行動を起こすのにいいタイミング。いい運気が回ってきている証拠です。

なんだか〜したくなるのは、自分のこころの奥が動いているということ。わたしたちは、みんな宇宙とつながっています。敏感な人と、そうでもない人がいるようですが、強いメッセージはこころの中に訴えかけてきます。

そんなときは、迷わずしたいことをしてみてください。いつもと違うこと、いつもの自分ならきっとしないこと。大歓迎です。新しい一歩を踏み出すチャンスです。

せっかく宇宙のメッセージを受け取っても、それを生かせない人もいます。「そんなこと、したことがない」「興味はあるけど面倒くさい」「してみたいけど、どうせ」「だけど」と言っているかぎり、せっかくのツキは逃げてしまいます。

素直になるのがいちばんです。特に、自分のほんとうの感情に素直になることが、運をよくして幸せになるためにいちばん大切なことなのです。

わたしのカウンセリングを受けた相談者さんから、「急に旅行がしたい気分になって、思い切ってひとり旅しちゃいました」とか「ずっとしたいと思っていながら半分忘れかけていた勉強をはじめました」なんていう話を聞くことがよくあります。

「なんだかヤル気がわいてきた」と思ったら、逃さず、なんでもいいから行動してみる。それがさらにいい運気を呼ぶことになります。

なんだかワクワクして「〜が欲しい」と宣言できる人に、いい運気は集まってきます。「引き寄せの法則」はすでにおなじみですが、同じことです。「そんなの気のせい」「あやしい」と言われていた宇宙からのメッセージですが、みんなが実感しているから広まっているのです。

自分がやりたいと思ったことなら挑戦しやすいはず。ヤル気になったら、とにかくはじめてみませんか？

16

感情に振り回されるか、感情を利用するか

「ほんとうはこうしたいけど、失敗するのが怖い」「わがままな人だと思われたくない」「きらわれたくない」……そんな感情に振り回されていませんか。

感情のほとんどの出どころは「愛されたい」「わかってほしい」「幸せになりたい」です。だったとしたら、もう少しシンプルに考えられるような気がしませんか？　わかりやすくありませんか？

みんな、自分の人生をよりよいものにしたいと思っています。だからこそ、この世に生まれてきたのです。**愛や幸せを求めるのは自然なこと。求めていいのです。**そのように生きればいいのだ思います。

なのに、自分の欲求を口にするのは、はしたない。愛が欲しいなんてさびしい人みたい。お金があれば好きなことができるけれど、人前でお金の話をするのはよくない。そんな思い込みで、ほんとうにしたいことに素直に向かえずにいる人が多いんです。

すると、押さえ込まれたほんとうの感情が「苦しい」「ほんとうの自分はこうじゃな

い」「辛い」「もっとこうしたい」とマイナスのエネルギーを溜め込んでいきます。

それが感情のブロックになって、いろいろなことに邪魔したり、素直に人に接することができなくなったりしてしまいます。

そんな感情のブロックは、あなたが自分でつくったものです。そして、自分が勝手につくったものに振り回されて悩んだり苦しんだりしています。自作自演して無意味にエネルギーを消耗しているのです。

自分がつくりだした感情のブロックです。それを見つめ、うまく取り外していくと、運やツキが回ってきます。お金や愛の運が勝手に引き寄せられてきます。すべては自分次第なのです。

自分の中にあるブロックを外して、ほんとうの感情を大切にすれば、したいことを必ず叶えることができ、欲しいものを必ず得ることができます。

わたしは、そのお手伝いができればと願い、この本を書きはじめました。きっと、あなたの中にあるほんとうの感情を見つけ出し、それを大切にすることで、お金と愛の運を引き寄せ、幸福のタネを育てて実らせることができると信じています。

《やってみて！　３つのワーク》

「ブロックに隠された自分の魅力を探る」

あなたの中にある感情のブロックはわかりましたか？

1章の《やってみて！　３つのワーク》では、「イヤだなー」とか「できないなー」、「そんなことするのムリー」、「どうせ私のことなんて、あの人キライなんだわ」なんて感じたとき、自分の中の何かが反応して、ざわざわモヤモヤしたとき、自分の感情を書いてくださいとお伝えしました。

「～できない」と感じることは、ほんとうはしたいことで、それは、やればできること。そもそも人はしたくないことを「～できない」とか「ムリだ」なんて思わないのです。たとえば、まったくする必要のないお相撲の行司が「わたしにはできない」なんて悩まないですよね。（笑）

だから「～できない」と悩んでいることは、あなたがしたいことなのです。それにブレーキをかけているのが、あなたの感情のブロックです。そのブロックにあなたの魅力も隠されてしまっています。いや、自分で自分の魅力を隠しているのです。

できないと思っていること、あの人よりわたしのほうができるのにと腹の立つことを探っていくと、あなたの魅力が見つかりますよ。

[自分の魅力を認める]

えっ？　ここが魅力？　と、首をかしげている人も、あーそうだったんだ、と納得している人も、なんとなく自分の魅力に気が付いたでしょうか？

魅力がわかったら「でも」「だって」はナシですよ。素直に認めてくださいね。あなたには、魅力があるのです。まだ気が付いていない魅力もあるでしょう。出てくるたびに、認めてあげてくださいね。そして、魅力をどんどん増やしてくださいね。

増やすといいましたが、これは新しくできることを増やすのではありません。**すでにあなたの中にある魅力を見つけるのです。**今まで隠していた、知られたくないとフタをしていた魅力です。すでに魅力的だったのに、気が付いていなかっ

ブロックに隠された魅力を探る

▼

自分の魅力を認める

▼

自分の魅力を外に出す

たことをわかってほしいのです。

【自分の魅力を外に出す】

自分の魅力を見つけたら、迷わずそれを発揮して、したいことをしてみてくださ い。いつもと違うこと、いつもの自分ならきっとしないことにもチャレンジしてみましょう。

見つかった自分の魅力は自分だけの秘密にしないで、誰かに話してみましょう。自分の気持ちに素直になって言葉にすることは、運をよくして幸せになるためにいちばん大切なことなのです。さあ、新しい一歩を踏み出すチャンスです。

Chapter 3

「愛の勘違い」を引き起こす感情体質をチェンジする

01

愛の勘違いをしていませんか?

恋愛に悩んでいる人、パートナーとの関係に悩んでいる人は、ほんとうにたくさんいます。愛されたい。これはすべての人(もしかしたら動物にも)に共通する願いでしょう。だからこそ、誰もが愛を求めるあまり、迷ったり、苦しんだり、悩んだりを繰り返します。大事なもの、欲しくてたまらないものだからこそ、なんですね。

みんな愛に執着してしまうのです。愛はそれだけ大切なものですから。でも、求めれば求めるほど、不安になってしまう。たとえ今、ステキなパートナーと愛し合っていても、パートナーが浮気をするんじゃないか、自分からこころが離れてしまうんじゃないか、そんな不安にさいなまれたり。もっとこうしてほしい、どうしてわかってくれないんだろう、そんな不満が募っていったり。

愛されることへの要求も、どんどん上がっていきます。ただ愛されたいから、より愛されたい、そして永遠に。今がよくても先のことを考えて不安になったり、もっと愛を感じさせてほしいと思ってしまったり。

こんなふうに書くと、ぜいたくとか、欲張りとか思われるかもしれませんが、誰のこころの中にも多かれ少なかれある気持ちです。特に女性は、愛されて守られたい本能が強いといわれています。そうされたい気持ちがさらに強くなって依存になっていくと、より不安を感じるようになります。

そんなに悩みや不満を抱えている人が多いということは、永遠の愛なんてないの？　満足できる愛情を受けることはできないの？　そんな疑問も生まれますよね。

でも、**愛に満たされて生きていく方法はあります。それは自分から愛すること。**先に出せば返ってくるのが宇宙のルール。それができると、あなたのこころは愛で満たされることになります。

「もちろん、愛しているから愛されたいんです」。そう思っている相談者さんは多い。でも、多くの方が愛の勘違いをしています。愛の本質を知らずに求めていても、ほんとうの意味で愛したり愛されたりするのは難しいのです。

幸せになるのを邪魔しているのは感情のブロックですが、愛に関しても同じです。愛のダメパターンをつくってしまいます。愛を求めたけど、やっぱりうまくいかない。その思い込みが、ブロックをさらに大きく強くしてしまいます。

02

愛の勘違いや思い込みを手放す方法がある

わたしのことを愛しているなら、~してくれるはず。
わたしは彼のことをこんなに愛している。だから離れたくない。
わたしが~をしてあげたから、彼はわたしが好き。
彼は、わたしの~なところが好き。
浮気しないようにチェックしないと。
わがままを言ったらきらわれちゃう。
運命の人だから、逃がしちゃいけない。
彼にこんなに尽くせるのは愛しているから。
一生の相手だと思っていたのに、別れがくるなんてムダな恋愛だった。
プロポーズしてくれないのは、わたしに足りないものがあるから。
恋愛中でも対等な関係を崩したくない。
ごくごくほんの一部ですが、どれもすべて勘違い。これらだけでも思い当たることがある人は多いのではないでしょうか。

愛を求めるあまり、わたしたちは勘違いや思い込みに縛られてしまいます。どれも理由があって思い込んだものなので、手放すのは簡単ではありませんが、その一つひとつに気づいて、感情のブロックを外していく。

そして代わりに、**自分を認め、信じてみる。それができるほど、ほんとうの信頼、愛、満足に満たされていきます。**求めなくても。自然にそうなっていきます。

焦らず時間をかけていいんです。愛にはそれだけの価値があります。ゆっくり自分の感情に向き合うところから、ほんとうの愛を手に入れることがはじまります。運命の相手との出会いの準備がはじまります。

永遠の愛を手に入れる。多くの人が願う究極ともいえる望みを叶えるためには、愛の本質を知ることが大切です。それを意識してやろうとしなくても、自然に愛に対する正しい考え方、身の処し方を身につけている人はいます。

あなたも、今までは失敗を繰り返すばかりでうまくいかなかったとしても、これからは大丈夫ですよ。そのためにお伝えしたい方法があるからです。

03

プロポーズをされない努力をしている？

女性からの相談で多いのは、付き合っている彼にプロポーズしてほしいというもの。意中の相手からのプロポーズというのは、まさに欲しいものが手に入った瞬間ともいえるかもしれません。この人とずっと一緒にいたいと思っていた相手が、自分に対してそれをお願いする。申し込んでくる。まさに人生が変わる瞬間です。

なのに、なかなかプロポーズしてくれない彼。「どうして？」「わたしのこと、どう思っているの？」そんなふうに不安や不満が募ってしまいます。

これがワナです。結婚したい、幸せになりたい、ここまでは誰もが願います。けれど、おとぎ話とは違って結婚は物語の終わりでも人生のゴールでもありません。ここから幸せがはじまらなければ、続かなければ意味がありません。

結婚したい、**ではなく**、**結婚して幸せになる。それをこころからイメージする人が**、**幸せな結婚生活を続ける人**です。満たされて楽しい毎日がずっと続く。自然にそう思える。だからそうなるように行動する。そういう人が愛を手に入れます。

「もちろんそう思っている」。そう答える相談者さんは多いのですが、実際に、こころの奥の奥を見つめていくと、100%そう信じている人はなかなかいないのです。

「この人と一生うまくやっていけるの?」「ケンカをするかもしれない」「浮気をされるかも」「飽きられて冷たくされるかも」「ずっと一緒にいたら、わたしのイヤな面に気づいて、こころが離れていくかも」「そもそも結婚できるの?」

幸せになりたいと思いながら、そういうマイナスのイメージばかりふくらませている人がたくさんいます。これも、相手のことが大好きだからなのですが。

ほんとうに欲しいものは願えば叶います。それをこころから自然に信じることができれば。けれど、**欲しいと思うほど、不安が先に立ってしまう。その理由を突き詰めれば、自分に自信がないから、自分を認めていないから**なのです。

相手がはっきりしてくれない。相手が安心させてくれないのではなく、自分が自分を不安にさせているんです。相手にふさわしい自分だと思えていないのです。

不安にかられて相手を試すようなことをしたり、ブスなワガママ(甘えになるかわいいワガママは大切です)を言ったり。それでは彼がプロポーズをためらってしまうのも、わかるような気がしませんか?

04

マイナスのエネルギーを出しているのは自分自身

誰だって、愛する人の前ではステキな自分でいたいですよね。そのための努力もしているでしょう。

愛されたい性である女性は、特に相手を惹きつけておくための努力を惜しまない人が多いでしょう。

でもそれは、ほんとうに相手のためでしょうか？

大好きな彼に愛されたいから、彼のためにキレイでいられるようエステに行く。ダイエットをする。お料理もうまくなりたい。それはステキなことです。

ただし、それはみんな自分のためです。自分が彼に愛されるために、自分が安心するためにしていること。それでもいいんです、自分で自覚さえしていれば、それを自分がこころから楽しめるなら。

けれど、自分が楽しめていないのに、相手のために、相手が喜ぶためにしていると思っているなら、相手はそれほど喜んではくれないでしょう。それどころか負担に感じてしまうかもしれません。

相手に喜ばれたい。相手の喜ぶ顔を見たい。ここまではＯＫ。

でも、だから相手の喜ぶことをしてあげようというのだけでは、自分の感情を大切にしていないかもしれません。

喜ばれる自分がうれしい。喜ぶ顔が見られて自分が幸せ。こころからそう思っているなら大丈夫。自分がしたくてしているのですから。こんなにしてあげたのに……という想いをためることもないはず。したいことをしているだけ。相手に尽くしているなんていう意識もありません。それが大切です。

けれど、相手のためにやってあげているという意識があるとしたら、自分にとってオールハッピーではないということになります。

ましてや、自分は明らかにハッピーではないのに**仕方なくしているとしたら、それはマイナスのエネルギーを生んでしまいます。**

しかも、こんなにしてあげたのに、浮気をされたら、気持ちが離れていったら、そんな不安がマイナスを増大させていきます。

そんなときイヤなことをほんとうにされてしまったら、相手を責める気持ち、ソンをしたという気持ちになるでしょう。

したくてしていることなら、相手が自分を選ばなかったとしても、不満や絶望といった気持ちには襲われないはずです。

そして、浮気されたり、冷たくされたりするのには、必ず理由があります。

そのひとつがマイナスエネルギーを出すことです。なので、まず出しているマイナスエネルギーを止める。そうすると、浮気がピタッとなくなることが多いのです。

自分の出しているマイナスエネルギーに気が付くのと、付かないの違いは、じつはとっても大きいと思いませんか？

05 自分の〝快の気持ち〟を優先する

パートナーの浮気に悩む人は、ほんとうにたくさんいます。そういうとき、わたしは最初に「あなたはどうしたいですか？」と聞きます。占いでどんな結果が出たとしても、ほとんどの人は自分の思い込みを運命と呼んでいます。それなら変えられます。自分の感情を見つめ、自分がほんとうに望んでいることを自覚すればいいのです。「もう信じられないから別れたい」。それもいいでしょう。離婚はまったく悪いことではありません。選択肢のひとつです。とはいっても、一時の感情にとらわれず、よく考えて決断しなければいけませんが。

「やり直したい」という復縁のご相談も多くあります。やり直したいけれど、どうしたらいいのか。一度は離れて他の人のところに行ったパートナーの気持ちを取り戻せるのか。戻ってきても、また浮気されるんじゃないか。そんなことを思い悩んでいる方が、ほんとうにたくさんいます。

やり直すためには、自分の〝快の気持ち〟を優先することが大事です。そのためにはまず不快なこと、イヤだったことや苦しくって許せないと思っている気持ち、自分の中の張り裂けそうな気持ちを癒していく作業が必要です。

それは簡単なことではないでしょう。簡単にできることでもないでしょう。最初は、裏切られた、と思って辛い悲しい思いをしたあなたがいます。涙がどんどんあふれてきて、止まらない……。そんな思いがあるのなら、あなたのこころを押さえつける必要はありません。むしろ、押さえつけてはいけません。自分を認めてやさしく包んであげてください。思う存分癒してあげてください。

そのうえで、やっぱりやり直したいという〝快の気持ち〟が見えたら、そこからなら新しい一歩をはじめることができます。それは、**パートナーがずっと大切にしてくれるあなたになること、パートナーにとっていちばん大切な人になること**です。

パートナーが浮気をやめて帰ってきても、また浮気をするんじゃないかと怯える。他の女性の影が気になる。そんな自分を手放す。それができないなら、復縁する意味がありません。大切な人にとって、かけがえのないあなたに変わる方法、わたしはそれをお伝えしたくて本書を書きました。

06

二度と浮気されない女性になるには

浮気をしたパートナーと復縁したいなら、まず自問自答してみてください。浮気をされて、何がいちばんイヤなのでしょうか？　その気持ちを見つめることが、感情を大切にするということです。

イヤなことには理由があるはずです。

わたしのことを捨てた。

わたしのことがいらないんだと思った。

わたしのことなんてどうでもいいんだ……。

わたしのことを見てほしい。

大切にされたいよー。

そんな自分の奥にある感情を出していくと、浮気されたことではなくて、自分のことを大事にしてほしい、必要としてほしいという感情が出てくることが多いのです。相手の女性のことに腹が立っていますが、ほんとうはその女性のことではなく「わたし

のことをどう思っているのか」なのです。

そのことが気になっていて、聞きたいのはそこなのに、それをごまかして、あの女さえいなければ、なんて思い込むと、次々出てくる女におびえることになるのです。

こころの奥にある自分のほんとうの感情を自分で知ることが大切なのです。そして、そのほんとうの気持ちを彼や旦那さんに告げられないと、同じことが繰り返されます。

ただし、それを伝える前にやっておくことがあります。それは、辛く悲しいあなたの気持ちに寄り添い、ゆっくりと癒すことです。

ときには、腹が立つ思いをエアでぶつけてみましょう。彼や旦那さんに見立てたぬいぐるみでもいいです。そこに向かって言いたいことを言います。そうして、今までガマンしてきた辛いことを思いっきり出すのです。それができると、自然にこころがすーっとしてくるはずです。

それができたら、エアではなく、あなたが話したい人に伝えてください。**伝えたい人にこころを込めて、言いたいことを伝える**のです。ただ言うではなく、伝えること、相手にわかるように伝えることが大事です。

07

ほんとうの気持ちを伝えるのは愛する人を迷子にしないため

自分の気持ちを相手にわかるように伝えるって、どういうことでしょうか?

「あなたが私のことをもういらないんだって思ったら、悲しかった。辛かったの」って、ほんとうに感じた感情を、そのまままっすぐ伝えるのです。ごまかしてはダメなのです。

「そんなこと言ったら重たくないですか?」という人がいます。先ほど、ブスなワガママはダメと言いましたね。自分の気持ちを誤魔化すワガママはダメなのです。ほんとうの気持ちを伝えるのは、多少重いかもしれません。でも、**ほんとうに好きな人、愛する人には、少し重くても、ほんとうのことを言って受け入れてもらうのです。**

相手がそれを受け入れてくれれば、あなたのことを愛していることがわかるでしょう。相手が「怖い」「聞きたくない」と思っていることでも、あなたのほんとうの気持ちを伝えないかぎり、あなたのことを愛しているのかはわからない。ほんとうに言いたいことを伝えれば、互いにほんとうに大事な人かどうかがわかることになるのです。**自分のほんとうの感情を相手に伝えると、相手からもほんとうの感情が返ってきます。**あなたに辛い思いをさせたことが悪いと思ったなら、彼や旦那さんから、反省の言葉や「やり直したい」という言葉が出るでしょう。彼や旦那さんにとっても傷ついたことがあったら、「ボクもだよ」と言うかもしれません。

好きな人、愛する人には、ほんとうの感情を話すコミュニケーションが必要なのです。そのうえで、浮気をした旦那さんならば、あなたが浮気した旦那さんを許せるかどうかです。

いや、許せるかというより許したいのか？　これからも一緒にやっていきたいのか？　それを決めるのはあなたです。それには、自分の感情を大切にして、相手に伝えなければならないのです。怖くても言わなければいけないのです。あなたのほんとうの感情を隠したままで、わかってもらえるはずがありません。

あなたの気持ちがわからないパートナーも、不安でさびしかったのかもしれません。あなたの気持ちがわからないから、他の人の方を向くのです。ほんとうの気持ちを伝えるのはワガママではなく、愛する人を迷子にしないためなのです。

08

あなたが居心地のいい場所なら必ず戻ってくる

男性は浮気性。これはある意味、自然なものです。自分の遺伝子を残すために、多くの女性に子どもを産んでほしいという本能があるのですから。そのために、女性をゲットしたいという狩りの本能があります。それは生きものとしての本能です。

人間には、そこに感情が作用してきます。大切な人を守りたい。絆を、パートナーシップを築いていきたい。生まれながらに、そんな矛盾する性質をもっているということを、まずわかってあげましょう。そして、それを賢く利用しちゃいましょう。

あなたという大切な人がいても、こころに隙ができると、つい他の女性に目がいく本能があります。こころの隙とは、たとえば、あなたの気持ちがわからなくて不安になる。あなたに大切にされていないような気がする。あなたのことは好きだけれど、若くてかわいらしい女性に好意をぶつけられて気になる……。

けれど、そこで実際に浮気をするかしないかは、あなたとの関係が大きく関わってきます。あなたを絶対に失いたくないと思えば、浮気なんていうリスクは冒さないのが普通です。**あなたとの関係が心地いいものであれば、浮気心が湧いても、ほんとうには必要がないので選ばない**のです。

母性を求める。これも男性の、いえ人間の本能のようなものです。母のような愛で包み込んでもらうことは、かけがえのない癒しになります。その安心感、信頼感、心地よさを手放したいという人はいません。

ときにはちょっと冒険をしたい気持ち、新鮮なところに寄り道をしてみたい気持ちになったとしても、大切な場所に二度と戻れないかもしれないと思えば、思いとどまる人がほとんどでしょう。

今いる場所が、なんとなく居心地がよくない。ここよりもっといい場所があるかもしれない。そう思うから、他の場所に出掛けてみる。ときには、あまりにおもしろそうだからという軽い気持ちで、ついフラフラと寄り道してしまうこともあるかもしれません。

それでも、あなたが居心地のいい場所であれば戻ってきます。浮気をさせない。浮気を出来心で終わらせる。それには、あなたが居心地のいい場所になることです。

09 悲劇のヒロインはカッコ悪い！

とはいえ、なんでも許してあげる。そんな都合のいい女になる必要はありません。なってはいけません。あなたはお母さんではないのです。**パートナーとして、互いに愛し愛され、尊重しあえる関係。それが相手にとって大切な人になることであり、居心地のいい場所をつくること**です。

浮気をされて、「わたしが悪かったの」というのも違います。それでは自分に酔っている悲劇のヒロインです。そんな勘違いをしたままでは、相手に大切にされるどころか、もっとこころが離れてしまうかもしれません。

自分を大切にしていない人は、他の人からも大切にされません。悲劇に酔っていては、幸せなストーリーは描けません。負のスパイラルが生む悲劇のなかで生きていくことになってしまいます。

浮気をした相手を、許すとか許さないということが大事なのではありません。**自分の気持ちにウソをつかないこと**です。イヤなのに簡単に許すと言ったり、話しにくいことはうやむやにして、戻ってくるならいいかと自分の感情をごまかしたりするのでは、浮気がまた繰り返されるかもしれません。居心地のいい場所ではなく、都合のいい場所になっているにすぎません。

復縁するためには覚悟がいります。まず相手のことより自分に向き合うこと。あなたにとっては辛く苦しいことを乗り越えなければならない。それを相手に伝えなければなりません。「浮気をするなら覚悟しなさいよ」とわからせなければなりません。

復縁が表面的な対応で終わると、あなたの大切さ、かけがえのなさが伝わる前に、浮気をしても許してもらえる、大丈夫。そんなふうに思われてしまうかもしれません。

あなたのことを失いたくない。相手にそう感じさせるためには、母のような大きな愛も大切ですが、あなたが自分自身を大切にして、言うべきことをしっかり言うことがもっと必要です。

相手の気持ちを考えることは重要ですが、そのために自分を押し殺してはいけません。互いに気持ちを伝え合い、かけがえのない関係を築いていけるかどうかです。

もし、あなたがガマンをしなければ相手が満足しないのなら、その関係を解消するのも、ひとつの選択肢だと思います。その選択肢が怖くて、ガマンをしていませんか？

10

男性は〝配れる女性〟から離れられない

気配り、目配り、こころ配り。それができる女性は愛されます。男性はみんな甘えん坊。母の愛を欲しがるのは男女共通と書きましたが、やっぱり、より母性を求めるのは男性です。もっと自分を見てほしい。かまってほしいと思っています。

守られたい性であり、父性を求める女性は愛されたい。大切にしてほしいと思っています。突き詰めれば同じことですが、表面的にはちょっと違うんですね。

男性は自分を見てくれる人、かまってくれる人を、それだけで自分を愛してくれていると思いがちです。ちょっと優しくされたり、気があるそぶりをされたりするだけで「もしかして……」なんて期待をしてしまいます。それは女性をゲットする本能のうえからも仕方ないことなんですね。

女性はもっと慎重です。自分だけを愛してほしい。自分だけを大切にして、ずっと守ってほしいと思うから、ちょっとくらい優しくされても「誰にでもしてるんでしょう」とか「この人はほんとうに運命の人かしら」なんて見定めようとします。

もちろん、すべての人がこうというわけではなく、男女には生物的に違いがある、こういう傾向があるというお話です。

そこで、気配り、目配り、こころ配りです。**「あなたのことを見ています」「気持ちを向けています」「こころを配っています」**そう伝えると、男性は舞い上がってしまいます。それだけでうれしくて、大切にされていると思います。

だから大切な人には、どんどんしてあげてください。ちょっと気が利く職場の女性がいても、あなたがパートナーに気持ちと目とこころを向けていれば、パートナーは目移りしません。

放っておかれる。男性は、これがイヤなんです。妊娠中や子どもが小さいときに浮気する男性が多いのは、妻が自分よりも子どもを構っていて寂しくなってしまうから。女性にしたら、あなたの子どもなんだし、母親のほうが大変なんだから、こんなときこそ、わたしを大切にいたわってほしいと思います。男性も頭ではわかってはいても、感情がガマンできないんです。

それを理解してあげて、あなたが大切、あなたを気にしていると伝えられる女性からは、男性は離れていきません。

11

自分がしたいからする、のでなければ意味がない

〜な女性は愛される。〜したら男性は離れていく。このようにお話ししますと、それは男性の気持ちを考えて、それに寄り添って行動しましょうということだと誤解されることがあります。そうではありません。

相手の気持ちを考えて、いいようにしてあげる。それが相手を大切にするのだと思うのは間違いです。相手のために頑張るのが愛情だというのも間違いなんです。

相手に好かれるように頑張るのは、自分のためですよね。自分が相手に愛してもらいたいためにすることですから。ほんとうに彼が好きなら、どうしようもなく大切なら、自由にさせてあげなくちゃ。

気配りや自分の気持ちを伝えるといった、これまでおすすめしたこと、これから書く愛されるコツも、自分がしてあげたいから、自分がしたいからするのでなければ意味がありません。したいからする、それだけ。あとは相手の自由。それが相手に伝わったとき、初めて相手はあなたをオンリーワンだと感じるはずです。

あなたのためにしている。その気持ちは、あなた自身が意識していなくても、相手に伝わってしまいます。そのことに対して、そのときはうれしいとか、愛されていると感じることもありますが、こころから大切にされているとは実感しにくい。だって、ボクのためではなく、自分のためにしているんだということがわかるから。

あなたも相手も自由。自由に相手を愛し、相手のためになることをするのがうれしい。それを相手がどう受け止めても自由。そういうとき、相手は自分が大切にされている、愛されているとこころから実感できます。そして、あなた自身も相手にしてあげられることがうれしい。相手をほんとうに大切だと感じ続けることができます。

「だったら、彼が別れたいといったら自由にさせてあげたほうがいいの？」という相談者さんがいます。それも、あなたの自由です。

復縁したいのであれば、ほんとうの気持ち、ほんとうの感情をちゃんと伝えましょう。愛し続けたかったら愛し続けていい。けれど執着はダメです。執着はまさにブスなワガママ。自分勝手な感情です。

「わたしは愛している。でも、あなたがどうするかはあなたの自由よ」。そういうスタンスでいれば、むしろ彼のほうから戻ってくるかもしれません。

12 自分の弱い気持ちと戦わないほうが愛される

したいようにすることで愛される。いらないガマンはしない。伝えたいことを伝える。それはワガママではありません。

好きな相手に対しては、誰でもどうしても意識しすぎてしまいますよね。だから「愛するより愛されるほうが幸せ」だとか「自分がこんなに好きなことを、相手に知られると負け」みたいな話も出てきます。でも、そんな弱い気持ちと戦うのはマイナスですよ。

まず勝ち負けや損得を考えた時点で、自分も相手もうれしくありません。幸せじゃありません。特に男性は女性が争ったり張り合ったりする姿を見るのがキライです。その矛先が自分に向けられたら、それだけでその女性に対する気持ちは萎えてしまいます。守ってあげたい。スゴいと思われたい。男性にとって大切なその気持ちが、全否定されてしまうのですから。

ここで伝えたいこととは、目の前の表面的なことではなくて、こころの奥に隠されたほんとうの感情についてです。

普段はこれをされてイヤだとか、悲しいという気持ちを押し込んで平気なふりをしてきた。相手に伝えて機嫌を損ねられたり、うるさいヤツと思われたりするのが怖い。あれこれ言ったら、こころが離れてしまうような気がして不安。そんなふうにしていると、かえって相手を不機嫌にさせたり、イヤがらせたりするかもしれません。なにか言いたそう、でもあなたの気持ちがわからない。だから相手もイライラするし不安になってしまいます。

弱音を吐かずにガマンするというのは辛いこと、ほんとうは言いたいという自分の気持ちと戦っていることです。そんなつもりはなくても、戦っているブスな姿が相手に伝わってしまいます。だから、相手とだけでなく、自分の弱い気持ちとも戦わないでください。

ガマンをしてきた人ほど、頑張ってしまう傾向があります。頑張り続けてきた自分を認めていたわり、優しく愛してあげてください。そうすれば、大切な人にもこころからそうできるし、あなたのガマンしてきた気持ちもほどけていくはずです。

13

色艶はいいオンナの代名詞

世の中、なぜこれほど浮気や不倫、そしてセクハラ問題が絶えないのでしょうか。特にセクハラ。最近の報道を思い出しただけでも、いくつもニュースの見出しが思い出されます。地位や名誉や人気がある人たちが、バカバカしい発言や行いで世間のバッシングを一身に受け、すべてをなくす姿を何度も見ています。

バレないという甘い考えにもビックリですが、なにより「なぜそんなことを？」というシンプルすぎる疑問が……。

でもね、これは仕方ないことかもしれません。男性はとにかく女性を狩っていたい生きものです。女性は仕事のためと思っていても、男性は気配りをされたり、お願いごとをされたり、自分に好意があるのかも、というサインを見つけたりすると（勝手な思い込みを含めて）有頂天になってしまうのです。それで後先考えずに、軽い気持ちで性的なことを言ったり、行動を起こしたりしてしまいがちです。

こんなことしちゃいけない。頭ではそうわかっています。でも本能が望むことを止めるのは難しい。しかも男性は、愛されたい、認められたいという気持ちと、性的な気持ちを直結させがちです。イヤらしいと言ってしまえばそうなのですが「ボクを見て」「ボクを好きになって」「ボクってすごいでしょ」とダダをこねているとしたら……ちょっとかわいく……ならないかな？

もちろんわたしは、セクハラには絶対反対です。仕方ないというのは、セクハラをしたことではなく、男性がそういう気持ちになることに対してですよ。

そして、愛されたい、認められたいという気持ちと、性的な気持ちが直結しがちということは、セクシャルな魅力がある女性を欲しいと感じるのは本能のひとつだということです。色気のある女性、艶を感じさせる女性は、男性にとって本能的に魅力的なのです。

大切な男性に対しては、色艶を感じさせてあげましょう。自分のためにオシャレをしてくれた女性を、男性はうれしく感じます。もちろん、ムリをせず、自分も楽しいと思える範囲で。そして、誰に対してもセクシャルではダメです。あなたにだけ……ですよ。

14 セクシャリティを味方につける

男性が特にセクシャルな魅力を感じる部分。それが胸、お尻、脚だそうです。もちろん人によって好みはありますが、この3点は欠かせないポイントだそうで……。なので初対面の女性を見るとき、まず無意識に顔、そしてこの3カ所をチェックしてしまうというのが多くの男性の共通した意見です。これ、女性から見ても納得ですよね。

それに対して女性が男性に魅力を感じる部分って、けっこう意見が分かれるのではないでしょうか。顔はもちろんとして、たとえば手が好きだとか声だとか、全体的な体つき、マッチョかどうかとか……。男性が女性を見るときほど、ここ、というポイントが決まっていないような気がします。

そこで、大切な彼とのデートなら、胸もとが強調された、ちょっと肌を見せる服を選ぶとか、タイトめ短めのスカートに透かし柄入りのストッキングをはくとか、そういう工夫を楽しめるといいかもしれません。そして服装と同じくらい髪型も大切。きちんとお手入れした髪、髪に気を使うのは重要です。メイクはもちろん、いつも気を使っていますよね。塗りたくるより素肌の美しさを活かしたメイクが好評のようです。お気に入りのネイルで気分を上げるとか、好きな香りをつけるというのもいいですね。あなた自身が楽しめて、好きな自分になり自信をもてることがいちばんです。

もちろんこれはデートだけでなく、彼氏が欲しい人にも有効です。**男性を意識した装いやメイクは、自分が楽しんでしているかぎり、全然悪いことではありません。**大切な彼を喜ばせたり、ステキな人と出会ったりするためのワザですから、積極的に使いこなしましょう。女性ならではの武器を楽しまなきゃ。

若々しいボディを保つためには、大股で歩くのがいいそうです。70センチ以上の歩幅で速めに歩くと、それだけでエクササイズになるとか。それを聞いてから、わたしもかなり大股で早歩きをしています。そうしたら……なんとナンパされることが増えました（笑）。それがいいかどうかは別として、そんなことムダなんて思わず、素直に実行してみると、なにかが変わるんですね。

ちなみに、カウンセリングではパートナーとの営みの相談も多いです。大切なことなので、恥ずかしがることないんです。なので、わたしもいろいろ楽しく勉強して、キワドい相談にもしっかりアドバイスできますよ。

15 愛嬌は愛される条件そのもの

男性の好きな女性に関するアンケートで、上位にランクインするのが愛嬌のある女性。ぶりっ子はキラわれますが、愛嬌のある女性は、女性にも好かれていることが多いような気がします。

タレントのスザンヌさんは、ふんわりした雰囲気と笑顔が印象的で、一緒にいると癒されそう。守ってあげたい、かわいらしい女性です。男性はもちろん、女性からも人気があります。スザンヌさんのお母さんの教えが「女は笑顔と愛嬌」だったそうです。たしかに、スザンヌさんのお母さんも妹さんもニコニコして感じのいい、ステキな女性です。

似ている言葉でも、愛想はちょっと感じが変わってきます。「愛想よくしなさい」「愛想笑い」など、したくないけれどするというイメージがあります。言葉としてもネガティブですし、行動としてもマイナスです。

愛嬌を辞書でひくと、にこやかでかわいらしいこと。憎めないかわいい表情、しぐさなどと書かれています。相手を喜ばせる言葉やふるまいなど、ちょっと愛想と似ている意味合いや、ちょっとしたサービスという意味合いも含まれています。

女性だけでなく誰でも、「にこやかでかわいらしい」愛嬌を忘れずにいたいですね。相手を喜ばせることやサービスも、相手が喜ぶことがうれしくてするのであれば、悪いことではありません。

愛嬌には笑顔がつきものですが、笑顔は自分自身にとっても、周囲の人にとっても、いいことだらけです。いつでもにこにこしている人は、みんなを安心させ、やさしい気持ちにさせてくれます。笑顔には心身ともにいい影響がたくさんあるのです。

だからといって、つくり笑顔をする必要はありませんが、口角を上げるだけでも幸せホルモンが活性化したり、ストレス軽減や病気のリスクが減ったりする可能性があるといわれます。

自分から笑顔であいさつする。周囲の人に声をかける。それができる人は愛されます。相手の話を聞く、相手を全否定しないというのも愛嬌のある人の特徴でしょう。愛嬌があるということは、まさに愛される条件そのものといえそうです。

16

信じたことが真実になる

大好きなパートナーのことを信じたい。わたしのことだけを愛してくれていると思いたい。浮気をしているんじゃないか、こころが離れていくんじゃないか、そんなことを心配するのはやめたい。

誰だってそうですよね。なのに心配で不安で、いけないとわかっていても携帯電話を見てしまったり、フェイスブックの友達関係を何度も確認したりしてしまう。それはなぜでしょう？

なぜ相手が浮気をすると思うのでしょうか？　なぜこころが離れていくと思うのでしょうか？

わたし以上の相手なんていないんだから、他のところへ行くはずがない。浮気なんてするより、もっとわたしといたいはず。どうしてそう思えないのでしょうか？

自分に自信がないから？　男は浮気をする生きものだから？

自分自身にじっくり聞いてみてください。そして不安のタネを解消してください。相手になにかされたことでそう思っているなら、それを伝えてください。「手をつなごうとしたら振りほどかれて悲しくて不安になった」とか「話しているときに、ため息をつかれてイヤだった」とか。

相手もそういう想いをしているかもしれません。あなたが誰かをそういう気持ちにさせたことがあるかもしれません。

話せばすっきりするはずです。**ガマンしていた自分を解放して癒してあげたら、あとは相手と自分を信じてください。**大切な人と楽しく過ごすことをイメージしてください。

浮気されたらどうしようと思っていたら、相手は浮気をします。フラれたらどうしようと思っていたら、フラれてしまいます。自分も相手も信じられず、不安や不信感でがんじがらめになって、自分の機嫌をとる相手と一緒にいて、あなたは楽しいですか？　安らげますか？

パートナーとの関係であっても、**あなたのイメージどおりになっていきます。信じたことが真実になる**のです。

17 与えられたから与えるのではなく、与えるから満たされる

「信じてと言うなら、あなたをほんとうに信じさせて」と思う人もいるかも。

浮気をされたけれど「もうしない」と言うので許した。だけど、裏切られた気持ちがなかなか消えずに、相手を信じられない。ＬＩＮＥの返事がないと不安になったりイライラしたりする。帰りが遅いと、他の女性と会っているんじゃないかと思ったり。なんにせよ、「浮気をしたのはそっちなんだから、これ以上不安にさせないように気をつけて」なんて思ってしまうかもしれません。

でも、イライラするのも不安になるのも自分なんです。相手のせいじゃない。すべては自分がそうすると決めて、そうしています。そうしたくないのに、そうなってしまうのも、自分の気持ちであり行動なのです。それを理解しないかぎり、自分の人生は自分のものになりません。

だからといって、自分の気持ちを押さえつけなさい、という意味じゃないのは、もうおわかりですよね。悲しかったら悲しいと伝えていい。悲しんでいい。ちゃんと悲

しんで解消して、それからは、ほんとうにしたいように、なりたいようになっていきましょう。

愛されたから愛すのではなく、与えられたから与えるのでもなく、あなたから愛し、与える。**お返しなんて関係なく、自分がしていること自体が喜びであることを相手にしてあげてください。**

そうしているかぎり「わたしは、こんなにしてあげたのに」なんていうことはあり得ません。相手が喜んでくれるだけで満たされる。いいえ、たとえ相手が気づいてくれなくても、受け入れてくれなくても、自分自身は満足できるはずです。

相手に期待をすることは、相手に対して「わたしを満足させて」と言っていること。ブスなワガママです。依存することです。そうしているかぎり、一度は満足しても、次から次へと新しい不満や不安が生まれてきます。だって、こころから満たされていないからです。

自分のことは自分で満足させなきゃ。それができる女性は愛嬌たっぷりです。いつだって幸せそうです。だからみんなに愛されます。大切な人から「絶対手放したくない」と思われるのです。

18

浮気が終われば……の勘違い

浮気されたら辛い、悲しい、絶望する。

それはなぜでしょう？　裏切られたから？　愛してもらえないから？

多くの女性が勘違いしていることがあります。浮気されたということは、愛されていないこと。浮気が終われば戻ってくる。浮気相手さえいなければ……。

これが勘違いであり、自分自身を守るためのすり替えであることは、少し考えればわかることです。

浮気が終われば帰ってくる。それを当たり前と思っていますが、そうではありません。浮気をしないことと、あなたを愛しているかどうかは別問題です。愛していないから浮気をするのでしょうか？　そして、浮気しないから愛しているのでしょうか？

ちょっと不謹慎かもしれませんが、あなたをスナック菓子にたとえてみましょう。あなたは大好きなお菓子で、おいしいからいつも手もとに置いて食べている。これがあれば、他のお菓子はいらないと思っています。

でも、たまたま新発売のめずらしいお菓子がお店にあり、どんな味がするんだろうと食べてみたら、メッチャおいしい。もうこっちにしよう。

ところが、そのお菓子は期間限定発売。期間が終わったとき、あなたというもとのお菓子がほんとうに好きだったのなら、そして他の誰かに食べられていなければ、あなたというもとのお菓子に戻るでしょう。でも、他のおいしいお菓子を知ってしまった以上、もとのお菓子では物足りない。もっと他のお菓子を試してみようと思うかも。

じつは、この場合、他のお菓子のあるなしは関係ありません。たしかなことは、あなたというもとのお菓子が好きかどうかだけです。でもあなたは、他のお菓子の中の一種類でしかないのはイヤでしょう。

でも大丈夫。わたしたちにはこころがあり、言葉も手足もあります。一方的に食べられるだけではなく、変わることもできます。もっとおいしい自分になって見直させることもできるのです。

浮気相手さえいなければ。復縁さえできれば。そうではありません。あなたは浮気をされたくないのではなく、大切にされたい、愛されたいのです。それを叶えるには、**相手が自分をどう思っているかに関わらず、自分が変わって相手を愛すること**です。

19

男性が大好きな「さ・し・す・せ・そ」

いろいろなところで紹介されているので知っている人も多いかと思います。でも、わたしのところに来る相談者さんの中には、まだまだ知らない人、聞いたことはあっても忘れていたり、実行できずにいたりする人が多いので、念のために紹介します。

さ……さすが〜
し……よく知ってるね
す……すご〜い・ステキ〜
せ……センスいいね
そ……そうなんだぁ〜

シンプルだけど、最強のメソッドです。そういえば愛されタレントのスザンヌさんは、バラエティ番組などでよく「そうなんですねぇ」「そうなんですかぁ」って言っているような気がします。

加えて「あ・か・さ・た・な」なんていうのもあります。

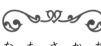

あ……ありがとう・会いたい
か……カッコいい～・感動～
さ……さすが～
た……頼もしい～・楽しい～
な……なるほど～

これらを見て気づいたあなたは鋭いです。すべて、相手を立てる言葉なんです。認められたい、褒められたいという気持ちはみんな一緒。男性の場合は、さらに頼りにされたいという気持ちが強いんですね。

こころにもないことを言うのはダメです。相手に伝わってしまいます。そうではなくて、**大切な相手のことを、頼りになるという目で見てみましょう。こころからそう感じて、これらの言葉を口にしましょう。**

大切なのは、絶対張り合わないこと。「わたしだって知ってる」「それくらい、わたしにもできる」「それ、聞いたことある」。そんなふうに張り合って、なにになるでしょう。相手の言葉にそんなふうに返しても「そうか、物知りだな」「すごいな」なんて思われることはありません。相手をモヤモヤさせるだけです。

20 究極の愛されテクニックって？

信じること、大きな愛で包むこと、自分から愛すること。この章では「愛の勘違い」を引き起こす感情体質について、そして、ほんとうに愛される感情体質になるためのルールについてお伝えしてきました。

最後にもうひとつ、女性から男性に対して使える愛されテクニックをお伝えします。テクニックというと小手先のワザみたいに感じる方もいるかもしれませんが、愛する人を喜ばせるコツなので、どんどん使ってみてくださいね。

とってもシンプルなのですが、それは**頼ること、甘えること**です。重たいものを持ってもらう。デートでごちそうしてもらう。高いところのものを取ってもらう。面倒な機器の設定をお願いする……なんでもいい。自分でできることだとしても、相手が得意でイヤじゃないなら、かわいらしく（ここポイントです）お願いしちゃいましょう。「会いたいな」なんて甘えるのもいいんですよ。もちろん、お願いも甘えもムリなことや負担がかかりすぎることはいけません。それでは、ただの自分勝手。ブスな甘えになってしまいます。

男性が頼られたい生き物だということは、すでにお伝えしました。自分のパートナーはそうじゃないという人は、今まで頼ったり甘えたりしてこなかったので、自分も相手もそれに気づいていないのかも。

または、わがままを言ってしまって、相手がそれをイヤがった経験があるのかもしれません。頼ったり甘えたりしてイヤがられた。それがブロックになっているかもしれません。それは、今のパートナーとのことではなく、もっと前の体験から来ているのかもしれません。

頼る、甘える、をしたいと思ったら、どんどんしましょう。いや、そこまでしたいとは思っていないかも？　なんて考える必要はありません。**してほしいことを、かわいらしく伝える。そして、してもらったら笑顔で「ありがとう」**。これだけです。

自分がしてほしいことを相手にしてもらって、さらに相手から喜ばれるなんて、愛されるなんて、ほんとうかしら？　そんなふうに思うあなたこそ、今すぐ試してみてください。今までしてこなかった人はそうすることに慣れていってほしいのです。あなたのパートナーの喜ぶ顔や、思いやり、頼れる面に出会えますよ。

《やってみて！　3つのワーク》

[気持ちをナチュラルに伝える]

自分の〝快の気持ち〟を優先することが大事だとお伝えしました。それにはなんて言っていいのか？　と迷ったとき、わからなくなったときには、自分で気持ちがいいと思うこと、自分が心地よい気分になることをするといいです。

イヤなのに、「友達と遊びに行ってもいいよ」なんて言わないこと。思ってもないことを伝えても、相手には響かないのです。

文中にも書きました、「手をつなごうとしたら振りほどかれて、悲しくて不安になった」とか「話しているときに、ため息をつかれてイヤだった」とか。あなたの感じていることをナチュラルに伝えましょう。

[男の大好物、甘え方を覚えて男心を手に入れる]

甘えるって、どんなことだと思っていますか？　しなだれかかって、色気を使う……ではないですよ。「そこのお醤油取って」とか「重たいから荷物持って」と言うこと。「今度のお休みに旅行に行きたいなー」なんて言うのも全部甘えるです。

あなたのことが好きなら、この**甘えるは、男の人にとってうれしい報酬**なのです。だから、あなたの思うとおりになるのですね。なので、甘えてみて聞いてくれるかどうかは、あなたのことを好きなのかを知るポイントにもなるのです。

甘えて、そのお願いを聞いてくれないのが怖いからできない……というのはナシですよ。それができないから、都合のいい女でいるということをはっきりさせましょう。

あなたのことが好きでない人と一緒にいても幸せにはなれないのです。

「ありがとう」を自分から言うことで愛される

ありがとうって、言われるとうれしいですよね。そう、言われたほうがうれしいのです。でも、あなたが相手から「ありがとう」と言われることをするのではなく、相手に「ありがとう」とあなたが言う機会を増やすのです。**「ありがとう」**

をたくさん言われた人は、もれなくあなたのことが好きになります。愛されるあなたをつくる、とってもカンタンな方法です。

気持ちをナチュラルに伝える

男の大好物、甘え方を覚えて男心を手に入れる

「ありがとう」を自分から言うことで愛される

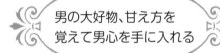

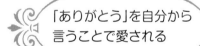

Chapter 4

「お金の勘違い」を引き起こす感情体質をチェンジする

01

お金に対するイメージをチェックする

あなたはお金が好きですか？

こんなストレートな質問をされることは少ないと思いますが、この質問に笑顔で「好きです」と言う人は少ないと思います。

わたしなら、ニコニコしながら（好きなものの話なので満面の笑みで）「大好きです！」と言っちゃいますね。だってお金、好っきやねん。

「お金なら、あって困ることはない」こんな言い方もよく聞きますね。困ることはない？　いやいや、お金があったらうれしいでしょう。困ることはないなんて、お金さんに失礼な言い方だと思います。自分をごまかす言い方でもあります。

地方によって多少の差はあるでしょうが、日本人はお金の話をすることを「下品なこと」「よくないこと」と考える傾向があるような気がします。お金が大好きなんて言うと、守銭奴（この言葉自体すごいですよね）とか、ケチとか思われたりすることも。

でも、ほんとうにお金が好きな人はケチなんかじゃありません。**お金を愛する人は、**

どんどんお金を使います。それによって自分が満たされ、お金に愛されて、またどんどんお金が集まってきます。それが、お金が大好き＝お金を愛するということです。

お金の話をすること、お金を使うことをイヤがること、お金がないと思っている人……そういう人のところには、お金さんはやって来ません。来ても、すぐに出ていきたがります。

あなたのお金に対するイメージは、いかがですか？

もっとお金が欲しいと思いませんか？

お金が欲しいなら、欲しいと言わなくちゃ。自分の感情を見つめ、認めてあげる。そして伝える。そうすれば願うものが手に入る。宇宙エネルギーの法則は、お金に対してもまったく同じです。

お金が悪いものと思っている人にとっては、お金は悪く働きます。お金を使わない人には、お金が入って来ません。だって、必要とされていることが伝わりませんから。お金が大好きと思って正しく使う人に、お金は集まってくるんです。

この法則を「そうか」と納得して、自分のこころに正直に素直に行動すれば、お金は勝手に集まってきますよ。

02
「愛さえあれば、お金なんて」は幻想

先の話を読んで、あなたはどんなふうに思いましたか？

「へぇ？　そうなんだ」

「そんなこと言っても、好きに使えるお金なんてないし」

「なんだかんだ言っても節約がいちばん」……

思い込みの力は強いです。お金は使ったら無くなってしまうと思っている人が多いのです。その思い込みを手放さないと、お金に愛される人にはなれません。

「愛さえあれば、お金なんて」と言うのも、よく聞くセリフです。昭和歌謡の名曲、かぐや姫さんの『神田川』（知らない世代の人もいるかしら？）。四畳半一間のアパートで細々と暮らしているとか、お金は無いけど家族仲よく暮らしている、みたいなほうがほんとうの幸せだよね、なんて思っているからかもしれません。

でも、ほんとうにお金がなくて幸せなのでしょうか？　『神田川』の曲の中では、銭湯にふたりで行って、髪の毛が冷えるまで待たされたけど、「若かったあの頃はなにも怖くなかった。ただあなたの優しさが怖かった」ってなっているんですね。

ここでちょっと。この歌から見えることですが、まず銭湯で先に出て、髪の毛が冷たくなるまで待たされたら、彼に言わなくてはいけません。この本で学んできたあなたならわかると思いますが（笑）。

「抱きしめてくれる優しさが怖い」は、どこからくるのでしょう？　人は若かったら、いろんなことがガマンできます。未来はきっと変わっているだろうって思えるから。

いつまでも四畳半一間でいい人はいないですよね。いつかは広いお家や、海外旅行、おいしいものを食べたりしたいと思って当然。そのときお金が無かったらどうしよう？　優しい彼だけじゃイヤになってしまうかもしれない。その優しささえ無くなったら……。

抱きしめてくれる優しさの怖さとは、そんな未来への怖さでしょうか。

人は成長します。生まれたときから成長するようにできています。成長とは、自分のやりたいこと、使命に向かって生きるということです。そのやりたいことへの障害となるもののひとつにお金という存在があります。**お金がないからできないって、すごくもったいないこと**だと思うのです。愛さえあれば……ではないですよね。**愛もお金も必要**なんです。まずは、認めることからはじめましょう。

03
お金というのは「さびしがり屋」だから群れたがる

あなたはどうでしょうか？　ひとりで、ずーっと暮らせますか？　誰とも話もしないで。誰にも会わないで。きっとムリ、イヤですよね。もちろんひとりになりたいときもある。でもひとりぼっちが永遠に続くとしたら、さびしいと思います。だから人は群れたいのです。好きな人やお友達、家族をつくりたいのです。

お金も同じなんです。お金だって、さびしがり屋なんです。だからお金もお金のあるところに集まってきます。**愛とお金は同じエネルギー**なんです。とくに**幸せなお金**（次のところで説明します）**があるところには、愛もお金も引き寄せられてきます。**

わたしが愛とお金が同じと言うと、みんな怪訝な顔をします。愛とお金を一緒にするなんてイヤだと思うんですね。それは、愛は美しく崇高なものだが、お金は下品なもの、あまり触れないほうがいいものだと思っているからです。

じゃあ、ほんとうにお金がなくてもいいですか？　必要最低限あれば、いいですか？

宝くじを買うのは、なんのためですか？

みんな、ほんとうはお金が欲しいはず。見知らぬ親族から、ある日突然遺産が入ってきたら（そういう話は詐欺の場合もありますが、仮にほんとうだったとしたら）、うれしくないですか？　受け取り拒否をしますか？　全額寄付をしますか？

わたしなら「ラッキー!?」って、喜んで使います。

前に書いた「愛さえあればお金なんて」は、ほんとうに幻想なんです。愛もお金も必要です。「お金が大好きです」「いつも一緒にいたいでーす」と、声に出して言っていいのです。人にも言っていいんですよ。

もし今まで、そんなはしたないこと、思ってもいけない、言ったらいけないと思っていたなら、あなたのまわりにもそういう人が集まって来ていたはずです。みんなで「そうよねー」と言い合って、そこに満足していたのではないでしょうか？

お金も愛も大好きで、そう言えるようになったなら、同じように言える人たちが集まってきます。お金も集まってきているはずです。人もお金も群れるのが大好きですから。

それに、自分によくしてくれるところ、よいものと認めてくれるところに行きたいと思うのは、お金だって同じなんですね。

04

「お金で幸せは買えない」はごまかし

「愛さえあれば」という言葉と同じくらいよく使われるのが「お金で幸せは買えない」です。

たしかに、幸せはものではないので、お金では買えません。でも、愛と同じように幸せな人のところには、お金も集まってきます。

それなら、お金が集まってくる人はみんな幸せなのか？　正しいお金があれば、幸せです。**幸せな人のところには、正しいお金が自然とやってきます。**

ここで正しいお金とは、宇宙の循環の中で正しく回っているお金のことです。ここで注意なのですが、犯罪をして手に入れたお金でお金がある人や、代々の遺産をもらって……というお金も循環しています。循環していないとお金のエネルギーになりませんから、手にしているということは、だれかの役に立っているからなのです。

宇宙の法則では、いいとか悪いはないんです。ただ、エネルギーが循環したり増幅したり。だからこの世のしきたり的に悪いとか、社会的に悪いとか、世間的に悪いや、ラクして儲けてはいけない、ということもないわけです。

そのかわり、犯罪のお金の場合は、お金はあるけど、いつ見つかるかわからない恐怖を抱えて暮らすことになります。そちらのマイナスがやってきているはずです。そんな場合は、誰かにだまされるとか、あっという間になくなるとか……一時的にお金があっても、それは幸せなお金ではないのです。

汚いお金という言葉がありますが、汚いお金はありません。正しくない人も正しい人もいないのです。なぜならすべて自分のメガネ（あなたワールド）で決めているだけですから。

お金はエネルギー。ほしいと望めば、そのエネルギーを出すと返ってきます。お金を羨む人が、「汚いお金」なんていう言葉で、お金さんに罪を着せているわけです。その人は、きっとお金がない状態が続いているのではないでしょうか？

ここまでで、もうわかりましたか？　お金に対して、世間ではごまかしや偏見が満ちあふれています。どうしてお金に対するごまかしがこんなに広まったかといえば、お金はわかりやすいからだと思います。

ほんとうは、誰もが欲しいもの。でもある人とない人がいる。

これは愛と同じです。でも愛には形がないので決めつけやイメージの統一が難しいでしょう。お金なら形があり、価値が統一されています。誰もが知っていて、日常的に触れて使っている、わかりやすいものです。

だから、ほしいけれど手に入れられない人は、自分をごまかしたくなります。お金があったって、ほんとうに大切なものがあるとはかぎらない。お金がある人だけが、愛や幸せを手に入れるわけじゃないって。

お金の真実を知れば、もうごまかされません。**堂々とお金を愛して、お金に愛されましょう。愛も幸せもお金も集まる人になりましょう。**

05

お金に対する感情を直視する

お金に対する思い込みは、世間的に広く深く浸透しています。しかも、毎日お金を使うたびに、その思い込みを強めているので、手放すのはカンタンではありません。「必要なお金は入ってくると言われても、今までそうではなかったので、安心して使えません」という人もたくさんいます。

自分には必要なお金は得る力がある。すぐ完全に信じるのが難しければ、まずは**お金を支払うとき、お金さんに感謝し喜んで別れを告げることからはじめましょう。**

喜ぶときは、こころから喜ばなければ意味がありませんから、ほんとうに喜べることにだけお金を使うようにします。そして、お金さんが自分の手を離れるときに、こころの中で「ありがとう。またね！」と言う。それなら、今からできますよね。

それをはじめてみると、思わぬところからお金がもたらされます。わたしの相談者さんの例だけでも、次々とそういうことが起こります。それを人に話すと、それでも「そんなバカな」と思ってしまう。それくらい、人はお金に対して間違った思い込みをしているんです。

たとえば、タンスの中から出てきたナゾの封筒に100万円入っていた。ずっと使わなかった通帳を整理して銀行で口座を閉じようとしたら、数円のハンパだけ残したつもりの口座に300万円あった。宝くじが数万円単位で連続して当たる。お母さんが急に定期預金が満期になったと500万円くれた……。

こんなことが当たり前に起こる。わたしは正直、はじめは驚きましたが、今は驚かない。むしろ、そういうことが起きないとしたら「おかしいな」と思ってしまいます。

私の相談者さんも、はじめはみんな口を揃えたように「すごいですね。でもわたしには忘れているお金とかないです」と言い切ります。そしてしばらくすると、必ず「ありました！」と報告してくれます。

無くてあたりまえ、使ったら無くなってしまうと思っている。その思い込みを、一度見直してみてください。そして、どうしてそう思っているかを考えてみてください。「ムダ使いはダメ」「もしものときのために貯金しなさい」「お金のことは人前で話さない」そんなふうに言われてつくられたお金に対する想いを見つめてみましょう。そして、時間がかかってもいいので、その思い違いを手放していきましょう。

06

お金は愛と同じくらい大事だと思ったほうがいい

お金で愛を買うことはできませんが、愛のエネルギーとお金のエネルギーは同じエネルギーです。

お金があるところには人や物が集まってきます。そのことに感謝すると、そこに愛があることに気づき、お金も愛も手に入れることができます。

「愛＝お金」ではありませんが、お金という形を使って愛のプラスのエネルギーとして出すことができるのです。

といっても、この話はなかなか伝わりにくいことのひとつかもしれません。お金に対するマイナスの刷り込みが強すぎて、お金と愛を一緒に語ることに抵抗がある人が多いからでしょう。

たとえば、おごってくれるから、プレゼントをくれるからといって、愛されているとは信じられない、こう思っている女性は意外と多いでしょう。反対に、ウソでも「キライだ」なんて言われると、すぐに信用してしまう。人っておもしろいですね。笑いごとではなく、みなさん真面目にそう信じてしまいます。

お金を使ってごちそうしてくれる、プレゼントをしてくれるという行為が愛にもとづいていると素直に受け止めてはいけないのでしょうか。相手の喜ぶ顔を見たいという愛がそこにあるなら、使われたお金のエネルギーは愛のエネルギーと同じなのです。

それを受け取った人が喜ばなければ、それはマイナスのエネルギーになってしまいますが、喜んで受け取れば、与えた人にも受け取った人にもプラスの愛のエネルギーとして循環します。

このことを知れば、ほんとうに自分がしたいことのため、愛のあることのために、お金を使うことをためらわなくなるでしょう。お金を愛することもためらわなくなるでしょう。それが自然とできるようになれば、お金に困ることはなくなります。必要なお金が常に自然と入ってくるようになるでしょう。

お金よりもっと大事なものがある、お金がすべてではないという考え方もありますが、その**大事なものを手に入れるためには、その大事なものを守るためにはお金が必要です。だから、お金は愛や、その他の大事なものと同じくらい大事だと思ったほうがいい**のです。そのほうが幸せな気持ちになりませんか？

07

お金を受け取り拒否をしているのは自分

よく遠慮がちにするが人います。奥ゆかしさ、しとやかさは悪いことではありませんが、すぎた遠慮はプラスのエネルギー循環をせき止めてしまいます。

「ごちそうしてもらう理由がありません」

「わたしなんて……誰か他に似合う人にあげてください」

そんな余計な遠慮は、遠慮する人だけでなく、与えようとした人にもマイナスになってしまいます。**与えられたら喜んで受け取る。それがプラスのエネルギーを循環させることになる**のです。

もちろん、自分がほんとうに心地よくないのであれば、ムリに受け取る必要はありません。**ダメなのは、ほんとうはうれしいのに、欲しいのに、拒否してしまうこと。**

受け取ったら図々しいと思われるかもしれない。急にプレゼントをくれるなんて、なにか裏があるんじゃないか……そんな勝手な想像で、ほんとうは欲しいものを拒否してしまう。それは最悪のパターンです。

欲しいものは欲しいと、与えられたらうれしいと伝える。自分の気持ちに正直になり、素直になることが幸せになるためのポイントだということは、すでにお伝えしました。お金に対しても、物に対しても同じです。

欲しいものが与えられたら「うれしい！　ありがとうございます！」と素直に笑顔で受け取るのがベストです。そういう人には、欲しいものがどんどん与えられます。**自分にも相手にもプラスの宇宙貯金が増えていきます。**

遠慮してしまうということは、自分で自分の価値を認めていないということです。相手はあなたにそれだけの価値を認めたから、与えようとしてくれているのに。イヤイヤ与えようとしているわけではないのに、それを受け取り拒否するということは、自分の価値も、自分を認めてくれた相手のことも否定することになります。

愛を受け取ることをためらう人もいますが、お金や物になると、もっと受け取ることをためらってしまう。それはお金の勘違いを引き起こす感情体質があるためです。それがあるために、ほんとうは欲しいものを受け取ることができなくなっているのです。その体質をチェンジして、欲しいものを受け取ったほうが、すべてがうまくいきます。そんなあなたになる！　と決めてくださいね。

08

打ち出の小槌とは、お金に愛される考え方、使い方のこと

お金は毎日必要です。日々の支払いの他に、急な出費や大きな出費もあります。たとえばエアコンと冷蔵庫が次々に壊れてしまった。子どもが塾の特別講習に申込みたいと言っている。どうしても受けたいセミナーに出会った……。どれも必要だったり、こころからしたいことだったり。だったら買ってしまいましょう。払い込みましょう。「そんなお金ない」「貯金をおろしたくない」……。ほんとうにありませんか？　必要なお金やどうしても使いたいお金は、あなたが支払えるお金です。どこかにあるはずだし、払えばまた戻ってきます。

貯金をおろしたくない。まとまったお金は手をつけずに残しておきたいということも、よく聞きます。それはなぜでしょう？　なんのために？

必要なお金は、そこにエネルギーを注げば、やってくる。これが宇宙のエネルギーの法則です。

「だって、借金やローンで大変なことになっている人がいるじゃない」と言われるか

もしれません。もちろん、それぞれ理由は違うので、その人のことをくわしく観ないとわかりませんが、理由はともあれ、すべてはそうなる必要があったから起こります。そのために必要なお金は、どうにかできるはず。そう思って行動したほうが成長できるようになっているのです。

でも、それが自分の成長のためだと思えなくて逃げてしまったら、同じことが繰り返されます。たとえば、ギャンブルで借金まみれは、必要なお金だったとはいえませんよね。でも、ほんとうにしたいことだとしたら、借金まみれにはなっていないでしょう。

依存でもなく逃げでもなく、ごまかしでもなく、ギャンブルが好きで楽しくて、常に満足感をもってギャンブルを楽しんでいるのであれば、借金まみれになるような遊び方はしないでしょう。

極端と思われるかもしれませんが、そうなんです。少なくとも、わたしが知っているプロギャンブラーはそうです。そういう人はプロになって自分の使命に向かっているのです。

リストラされて家のローンが払えなくなったとき、「こんなことになるなら、こんな家を買うんじゃなかった」とマイナスのことを考えてしまうと、ますますお金が入ってこなくなります。

「リストラはされたけど、この大好きな家に愛する家族と暮らせているから大丈夫。家を買っておいてよかった」と考えている人は、ローンを滞納する前に、ちゃんと必要なお金が入ってくるものです。

ほんとうに必要なこと、こころから望むことのために使うお金はちゃんと用意されています。打ち出の小槌とは、お金に愛される考え方、使い方のことなのです。それがあれば、お金に困ることはありません。

09

お金が自然に入ってくる条件

ほんとうに欲しいお金は自然に入ってくる。じつは、このことにはいくつかの条件があります。

すでにお伝えしたように、**ほんとうに必要なもの、こころからしたいことに使うお金であることがひとつ**です。ムダ使いを繰り返していては、お金が無くなるのは当然です。考えなしにバンバン使っていいということではありません。

お金を使うときに、「ほんとうに必要か？」「こころから欲しいものか？」自分の感情を大切にしてよく考えると、ムダ使いが減ります。気まぐれにこころ惹かれたからとお金を使うこともしなくなります。

次は、**お金を払うときに喜んで払うこと**です。お金を使ったことで充実感に満たされることが大切だからです。

「こんなお金が払えてうれしい。わたし頑張ったな」

「ずっと欲しかったものが買えた。お金さんありがとう。またね！」

そんなふうに喜んでお金と別れを告げられたら最高です。お金さんに感謝の気持ちを伝えてください。

愛されて喜ばれて旅立ったお金さんは、楽しい旅を続けます。愛してくれる人のところを選んで循環し、プラスのエネルギーを増大させて、また巡ってきます。

そうです。お金は愛してくれる人を選ぶんです。間違って愛してくれない人のところに行ってしまったら、急いで逃げ出します。お金を愛して感謝に満ちた人のところには、次から次へとお金がやって来ます。

だからとどめる必要はないし、とどめてはいけません。ここだというとき、これだというものに喜んで使うことが大切です。そうしているかぎり、よい循環の中にいられます。

出し惜しみすること、使わないことがお金を大切にすることではありません。逆です。出し惜しみされたお金は、早くそこから出ていこうとします。そのときはとどめたつもりでも、欲しいものに変わって喜んでもらうチャンスをなくしたお金さんは、どこかへ飛び立っていくことになるのです。

10 お金が減るのがイヤなのは自分を信じていないから

大事なことですし、どうしてもお金の勘違いからは抜けだしづらいので、繰り返し書いておこうと思います。出し惜しみをしない。減ることを怖がらない。それとムダ使いと混同しない。これらのことには気をつけてくださいね。

出し惜しみをするのはいけないから、これもあれも買っちゃおう。あれもかわいいな、欲しいな、どんどん使っていいんだよね……というのは違います。

よく考えて、ほんとうに欲しいものであれば、全部買っちゃってもいいです。後悔しないと思えたら、どんどん使っていいんです。でも、ちょっと見掛けて反射的に「欲しい！」と思ったものを買うのは衝動買いです。衝動買いが悪いわけではありませんが、衝動買いはムダ使いにつながりやすいので気をつけましょう。もちろん、ちょっと見掛けたものでも猛烈に欲しい、どうしても欲しいと思ったのならいいんですよ。

貯金をおろしたくない。まとまったお金を切り崩したくないというのもよく聞くことです。それはなぜでしょう？　もしものときのため？　日本人は「もしものとき」

という言葉が好きです。地震大国であることも関係しているのかもしれませんが、世界でも貯蓄率がものすごく高いそうです。

来るか来ないかわからない「もしものとき」を考えて、やりたいことができないというのは本末転倒ではないでしょうか？

そして、日常的なお金の使い方でも、もしものときのため（ではなく、それ以外でも）の貯金でも同じですが、減るのがイヤなのは、自分を信じていないからという事実です。

それは**「このお金を使ってしまったら、自分にはお金がない」と無意識に考えている証拠**です。

「使っても、また入ってくる」「わたしは必要なお金を支払える」と思えれば、必要なこと、したいことのためにお金を払うことは喜びになります。払ってお金が無くなるのは次のお金が入ってくるためだと思えるようになります。

それは、宇宙のエネルギーの法則に適っていることなのです。だから、**「わたしのところにはお金が集まってくる」「わたしにはその能力がある」と、あなたが強い気持ちで宇宙にオーダーを伝えれば、宇宙は聞き入れてくれます。**

11

出さなければ入ってこない

わたしは今、毎日がとても楽しいです。愛する家族がいて、たくさんの大好きな人たちに囲まれて好きな仕事をしています。おいしいものを食べに行ったり、旅行をしたり、どうしてもほしいものがあれば買うこともできます。やりたいことのアイデアがどんどん湧く時期でもあり、それを実現していけるのもうれしいです。

それはすべて、お金があるからできることです。もちろん、アイデア、情熱、協力してくれる人々あってのことであり、すべてに対して感謝でいっぱいです。お金もその必要不可欠な条件のひとつであり、大切だし感謝しています。

今、こうして本を出せるのも、たくさんの人がわたしを知ってくれているのも、やりたいことが浮かんだときにすぐに自分で動けるのも、わたしが起業したからです。起業するために、わたしは勉強しました。

そのために使ったエネルギーは大きなものです。ただ大きなエネルギーといってもイメージしにくいですが、金額にするとわかりやすいです。いろいろな講座や、東京で勉強するための交通費、宿泊費なども合わせると、300万円くらいは余裕で使ったと思います。

自分がほんとうにしたいことのためだったので、喜んで払いました。充実感がありました。その結果、そのお金は収入となって、あっという間に戻ってきました。そして、収入は増え続けています。

100万円稼ぎたいと思っているなら、喜んで100万円を出すことです。100万円ほしいけれど、自分は出したくない。それでは願いは叶いません。宇宙の法則には「受け取るだけ」はありません。プラスもマイナスも、出したものが返ってきます。

100万円出して100万円返ってくるだけでは、プラスマイナス0。プラスにならないと思いますか？ そうではなくて、100万円を得る力がついたんです。これからどんどん生み出すことができるのですから、すごいことでしょ。どんなに使ってもなくなることはありません。お金がその力に変わったのです。

減ることを、出すことを怖がらないでください。喜んでください。そうすれば、プラスの循環でパワーアップしてあなたのところに返ってきます。

12 神様に愛されるお金の先払い

出さなければ入ってこない。この法則はすべてに当てはまります。エネルギーを出すから循環がはじまるのです。お金もそうです。

相談者さんの中に、出したのに戻ってこないと嘆く人がいます。100万円出したのに100万円戻ってこない。それは、お金だけを見ていて、お金がエネルギーであることに気づかないからです。

100万円というお札ではなく、違う形で返ってきていることもあるのです。それに気づかないでいると、プラスの循環に乗れなくなってしまいます。

せっかく出すとしても、ソンだトクだということにとらわれていると目がくもります。お金のプラスの循環に乗ることができなくなるのです。もっと広くて大きな世界に目を向けてみましょう。

今まではいけないと思っていたことがOKになったり、できないと思っていたことができるようになったりします。たとえ今までと同じことが起きても、それをプラスと受け止めることができるようになるでしょう。

ただし、何でもいいから出せばいいということではありません。「ほんとうはこれが欲しいけれど、高いから似たようなこっちにしよう」というのは、まったくのムダ使い。むしろマイナスなお金の使い方です。

一瞬は満足のような気がしても、ほんとうに欲しいものの代わりにすぎないと自分自身が知っています。ごまかそうと思ってもムダです。

自分にはほんとうに欲しいものを持つだけの価値がないと認めているのです。結局、お金を失うだけ。

あなたの価値を高めてくれるのは、あなたがほんとうに望むものだけです。それを買えることに感謝できるあなたがいるなら、お金が回り出しているはずです。

お金の勘違いを引き起こしているあなたの感情体質はチェンジされているはずです。

《「お金の勘違い」をチェンジする3つのステージ》

◎ステージ1　クレクレ状態

お金の勘違いをしているメイちゃんと、こんな対話をしました。

メイちゃん　まみ先生、わたし今までいっぱい勉強をしてきたんです。でもなんだかわかったような、わからないような。

まみ　そうなんだ。それでメイちゃん、今、お金はあるって言える？

メイちゃん　ないです。

まみ　ということは、まだわかってないのではないかな。わかったら、お金がありますって言えるのよね。

メイちゃん　そうですよね。頭ではわかっているのですが……

まみ　メイちゃんは、もっと欲しいとは思っているのかな？

メイちゃん　はい、欲しいです。海外旅行とか行きたいです。

メイちゃんが今いるステージは、もっと欲しいとか、満たされていない「クレクレ状態」のステージ1なんですね。

まみ　メイちゃんは今、なんのお仕事をしてるの？

メイちゃん　アパレルの会社に勤めています。

まみ　そのお仕事は好きなの？　ずっと勤めたいのかな？

メイちゃん　お洋服は好きなんですけど。もういい歳なのに結婚してないし、将来のことを考えると、自分でなにかしたいんです。

まみ　今、好きな仕事なのね。将来のことはちょっと置いておいて、毎日どう？

メイちゃん　毎日、それなりに楽しいです。

まみ　お給料はどうなのかな？

メイちゃん　もっと欲しいですけど。生活はできてます。

まみ　へー。なら、今はお給料もあって、楽しいんだよね。そしてそこで、毎日お客さんには喜ばれているんじゃない？

メイちゃん　まあ、そういえば、お洋服を買ったお客さんが喜んでくれるとうれしいです。

まみ　お金は、もっとあったらいいかもしれないけど。さっき無いって言ったけど、メイちゃん、あるよね。

メイちゃん　はい。そう言われたら、あります（笑）。

まみ　これからはあるって認めて、お金さんを大切にするといいよ。大切にするっていうのは、自分の欲しいものを買うこと。満たされないことを埋めようとしたり、衝動買いはやめてね。

メイちゃん　やってみます。

　メイちゃんは、やっとお金が「ある」ということに気がつきました。そしてお金を大切にすることができるようになると、ステージ２になるのです。

◎ステージ2　お金を大切にできる

　数カ月して、またメイちゃんから連絡がありました。

メイちゃん　まみ先生、不思議なんです。もらうお給料は変わってないんですけど、言われたようにやっていたら、お金があまっているんです。

まみ　よかった。ひとつブロックが外れたね。次は、自分のやりたいこと、夢に向かいましょう。今までできないって思って進めないでいたことが、きっとできるよ。

メイちゃん　えーっ、そうなんですか？　でも、わたしもなんだか今はできる気がします。

お金が「ある」ことがわかって、無くならない。「お金大好きー」って言えるようになったら、もうお金さんと仲よし、お友達になっているのです。

そうなったら、自由にのびのびと、楽しいことを思い描けるのではないでしょうか？　もう「こんなこと、きっとできない」「ムリ」と言って、夢をあきらめたりしないでしょう。

幸せで満たされた気持ちになると、それに連動して、あなたの宇宙銀行の通帳にプラスのエネルギーがどんどん貯まっていきます。「お金さんと一緒にいると、ワクワクするからもっと一緒にいたい！」そう思えるようになったら、それが、ステージ3です。

◎ステージ3　お金ともっと一緒にいたい

お金は、決めると入ってきます。お金の勘違いを引き起こす感情体質がチェンジされると、お金はどんどん入ってくるようになります。

でも、大きいお金を引き寄せたいときには、それだけのエネルギーを出さなくてはいけません。出したものが返ってくるからです。それがわかっていれば、欲しいお金はあなたのところにやってくるはずですよ。

しばらくして、メイちゃんから連絡がありました。

メイちゃん　まみ先生、昇進が決まったんです。月に2万円上がるから、年間にすると24万円も上がるんです。そして、なぜか母が私に渡しておくって、定期預金の満期のお金500万円くれたんです。これからは、自分もお客さんも喜ぶことができる気がしています。

まみ　メイちゃん、よかったね。なんだかわたしもうれしい。これからが楽しみ。

3つのステージを通過するうちに、お金とメイちゃんの間に距離がなくなり、信頼の絆で結ばれていくのがわかったでしょうか。

Chapter 5

感情を
宇宙につなげる
テクニック

01 人生はRPGゲーム

「わたしたちは、なんのために生まれてきたんだろう」って、考えたことはありますか？　わたしはそれを考えるのが大好きな子どもでした。青春といわれる時期は、遊ぶことしか考えていなくて（笑）、そのことを忘れていました。でも占い師になった頃から、ムクムクとその想いがよみがえっていたような気がします。誰もが生まれてくるときに「今回の人生ではこんなことしたいな」と決めてきているはずなのです。この大きな宇宙で暮らす一員として。

子どもが大好きなRPGゲーム。人生そのものなんですよね。自分ワールドの中では、だれでも自分が主人公です。そして、もれなく勇者です。自分がつくったプログラムに従って生きていくのです。ときには、モンスターがお母さんだったり、会社の上司だったりします。それも、自分の人生が飽きないように、波瀾万丈にしています。そこでなにかを学ぶために、自分ですべて設定しているのです。

人生の課題を一つひとつクリアしていくごとに、次のステージに行くことができま

す。**課題をクリアできないでいると、同じことが何度も起こる**のです。これは、今まで1万人の人を観てきて実証済みです。忘れてしまっていても必ず、**今生きているこの人生で、やるべきことがあるはず**なんです。

あなたが主人公なのですから、他のどんなすごい人も、あなたにとって必要ない人は〝ザコキャラ〟です。すべてあなたのチョイスで決まるのです。あなたの人生は、あなたが選んでいるということ。あなたしか決められないのです。

「あっ、こんなことがしたい！」と突然思うことは、自分が決めてきたことのはずです。人は、自分にはできないことは思いつかないといわれています。ほんとうにそうだと思います。わたしの場合は、前世の自分の声が聞こえるのです（これ、気持ちの悪いことではないですよ。気づいていないだけ。ほんとうは誰にでも起こっているはずです）。

わたしたちの人生は、自分の決めてきたことを達成して、幸せになるためにあるのです。だから、わたしたちを生み出した宇宙や神さまは、わたしたちの失敗を願うはずがありません。うまくいかないときは、自分が幸せになることに抵抗しているから。

そう思ってください。

02

自分と未来は変えられる

自分の人生は、自分で選んでそうしているということを先にお話ししました。もし、今あなたが、現状を変えたいのなら、それは変えられるということです。変えたいと思っていることは、今やっていることが生まれたときに決めてきたことと違っているということです。ほんとうになりたい自分になるために今の生活を変えてもいいのです。

今のあなたが、ほんとうの自分ではないから苦しいのです。**今を変えれば、未来は変えられます。自分の行動で未来は変わっていく**のです。

そのためには、あなたの行動を邪魔する感情のブロックを外す、やりたいのに自分にブレーキをかけているものを取る、そして、やりたいことを実行する必要があることは、前の章までお話ししてきたとおりです。

ところで、過ぎてしまったことはどうでしょう？　過去は変えられないという言い方をよくします。たしかに、過去に起きたこと、そのものは変えられないかもしれません。でも、そもそも、その過去の出来事に関してあなたが思っていたことが違っていたらどうでしょうか？　その過去に対して今思っていることを変えれば、その過去は別の過去になるのです。過去も書き換えることで変えることができるのです。

ただし、そのやり方はちょっと難しいので、この本の中では触れないでおきます。結論だけお伝えすると、現在を変えることで自然に過去も変わっていくということです。

もっと大切なのは、今の自分と未来は変えられるということ。そして、絶対に変えられないのが自分以外の人です。変えられないというより、変えようとしてはいけません。

自分メガネで見た世界がすべてだと思ったら、相手も自分も苦しみます。相手を変えようとすることは、コントロールなのです。そこには、〝自分のため〟という目線が隠れています。そんな目線で相手をコントロールしても、マイナスのエネルギーしか返ってきませんから、うまくいきません。

相手を変えるのではなく、あなたが変わることによって相手も変わっていくのです。

これが幸せな方法です。すべては、あなたの接し方次第なのです。

03

好きなことだけをやる

自分のほんとうの感情を大切にすると、毎日は驚くほどシンプルになります。余計なことをあれこれ考えなくなるからです。自分の楽しいこと、したいことを考えて過ごせるようになります。

今朝、彼がなんとなく冷たかったけれど、キラわれるようなこと、しちゃったかな。

LINEの返事が遅いけれど、他に誰か気になる人がいるんじゃないか。

今月は結婚式が3件も重なったけれど、お金が足りなくならないかな。

昨日上司に頼まれた仕事、失敗したらどうしよう……。

こんなことは、考えなくていいのです。これって、考えてどうにかなることではないですよね。自分で自分を勝手に不安にさせるなんてソンです。すでにお伝えしましたが、人生はあなたが考えたようになります。

どんなに違うといっても、どんな理不尽なこと、ソンをしていると思うこと、イヤだと思うことも、すべて自分でそうなるように行動をして、そうなっているだけなのです。

悩んだり、考えたりする時間、弱い自分、ダメな自分を見つめる時間は、けっしてムダになりません。それまで気づかなかった自分のほんとうの感情に気づくために、どうしても必要なことです。

あなたができないと思っている当たり前、なんでそんなことするの？　なんて思ってしまう当たり前。そんな当たり前から自由になってみましょう。

それには、今までのあなたを否定するのではなく、あなたがどう思って生きてきたのか？　ずっとフタをして見てこなかった、あなたのこころの奥にある感情を見つめ、思う存分抱きしめてあげてください。

そうしたら、あとはもう、なりたい自分を意識して、そこに一直線に向かって行きましょう。

したいこと、好きなことだけをやる。やりたくないことは省く。それが宇宙に願望をオーダーするためのコツです。なんてカンタンでシンプルでしょう。

04 自分に必要なものにしか出会わない

したいことをしている人は、もれなくステキです。笑顔がキラキラ輝いています。それだけではありません。したいことだけしているのに、周囲にも幸せオーラを自然にふりまいているのです。

ところが、そんな人を、妬んだり羨んだりする人がいますね。なぜでしょうか？　自分がしたいのにできないからです。あなたにも経験があるのではないでしょうか？

自分でしたいことをしているだけなのに、誰かに「邪魔してきた！　腹立つ」なんて思われたとき、不快でイヤなことが起こっているとき、それは以前、どこかで生まれたマイナスのエネルギーが返ってきているんです。

わたしたちを生み出した宇宙には、いいとか悪いとかはないんです。だから加害者も被害者もいないのです。ただ自分が相手を加害者にしたり、自分を被害者にしたりしているだけです。

結局、起きていることに自分がどう思うか？　自分の感情がどう動くかだけなんです。

もし、妬まれた、邪魔をされていると感じてイヤな気分になって、その人が悪いと思い込んで、責める気持ちが出てきたなら、そう思っているあなたの感情を見つめてください。

それをしないまま、あなたの勝手な判断基準でジャッジしてしまうことで、加害者をつくりだしてしまうのです。

なにかが起こるとき、それは自分の出したものが返ってきているのです。それを知らせるために神が送ったサインです。イヤな人に出逢ったとき、それは自分のことを反省するサインですね。

同じことをされていても、気にならない人もいます。自分の気持ちがいいこと、したいことに照準を合わせていると、マイナスが怖くありません。自分で気が付かない間に人から妬まれたり恨まれたりすることは、あってよしなのです。

ようは、**自分が出したことに対するマイナスが返ってきているだけだし、自分が出した以上のマイナスは返ってこない**ということです。

だから、自分が出したエネルギーが相手にマイナスになることも恐れない。自分の気持ちがいいこと、したいことをしていれば、そのように思えるようになりますよ。

そもそも、いいことだけの人生なんてないのです。もしもほんとうにいいことしか起こらなかったら……。いいことが当たり前になってしまいますし、ほんとうにいいことかどうかもわからなくなってしまいます。

だから、マイナスエネルギーに出会うこと、そしてそれに向き合うことが必要なのです。**あなたが出会うすべてのことは偶然ではなく必然**なのです。

この壮大な宇宙の中では、必要なものにしか出会わないのです。

05

ひとり旅は運をつかむ絶好のチャンス

わたしは、ひとり旅が好きです。これには、ほんとうにふと思い立って、行きたいところへひとりで行く旅と、小さいツアーに個人的に交じって、知らない人たちと行く旅があります。家族や仲よしの友達と行く旅行も、もちろん楽しいのですが、ひとりで行くほうが新しい出会いがたくさんあるのです。夕飯ひとつを取ってみても、仲のよいお友達と行くのと、自分ひとりで行くのとで違います。

たとえば、去年沖縄にひとり旅をしました。石垣島です。どこで夕飯を食べようかなと思って、いつものようにネットで調べたり、ホテルの人におすすめの店を聞いてみたりしました。

ひとりで食べに行くとき重要なのは、カウンターがあるということです。なぜなら、ひとりで行ってボックス席に座ってご飯を食べたら、そのまま食べて帰ってくるだけです。わたしは、その地元ならではの情報、雑誌やネットに載ってない情報を、ひとつでもいいから仕入れたいのです。

カウンター席なら、お店の人と話せたり、隣に知らない人が来て話をしたりすることになります（私はもれなく話しかけます）。だから、旅行でお友達が増えるんです。「ここに行くといいよ」なんていう地元情報もいただけるのです。

グループで行くと、日にちを合わせないといけないので、自分の行きたいときに行けない。それがいちばんのネックですよね。「行きたい！」という気分のときに、ひとりでふらっと気ままに行けるのがいいんです。

もちろん、お友達と行っても地元の人と仲よくなることはあります。でも、4人で行けば4人で盛り上がってしまうので、そこに他の人が入ることが難しくなるんですよね。

ひとり旅ですが、お友達を日本中、世界中につくる旅だとわたしは思っています。運ってね、自分ひとりでは運ばれてこないんです。人が運んでくるんです。**人との縁があって、運が運ばれてきます**。遊びが仕事になったり、お金になったり。結局、人との出会いですべては生まれるのです。

旅慣れている人を見ていると、みなさん自分ひとりの時間と、現地にいるお友達と過ごす時間を上手に楽しまれています。ひとり旅って、たったひとりで、ずっと誰ともかかわらない旅ではないのです。

みんな、自分が自分のことをいちばんわかっていないと書きました。じっくり時間をかけて自分と向き合わなければいけないと書きました。それは一度したら終わりじゃありません。一度で自分のすべてがわかるはずがありません。自分自身も日々変わっていきます。だから、定期的に自分を見つめ直す機会をもつといいですよ。

ひとり旅では、わざわざ「自分を改めて見つめ直す」なんて考えなくても、今の自分のこころの声が、いろいろ聞こえてきます。旅という非日常感がそうさせるのでしょうか。宇宙からのメッセージも、受け取りやすくなります。

もちろん、ただ旅行が楽しいから、行きたい場所にちょうどいいツアーがあるから行くというのもOKです。したいことは、どんどん行動に移す。その中に旅があるのはいいですね。

わたしは、ずっと行きたいと思っていたところに（ほぼスピリチュアルスポットですが）、念願叶って旅立つときは最高にワクワクします。このワクワクが大切です。ワクワクするということは、必ず感情が動き、運が動いているからです。

06

占いだけでなく、気になることは自分の使命を知るヒント

あなたにとって占いとはどんなイメージですか？

占いですべてを決めて、それに従って生きる。占いがないと、どうしていいかわからない……なんていう人がいます。これは占いに使われている状態です。

望まない結果や自分にとってイヤなことを言われて、必要以上に落ち込んでしまう人もいます。違う占いのところでこんなことを言われたと、わたしのところに来る人もいます。

どちらのケースも、もったいないなと思います。占いって、人を幸せにするものだと私は思っています。占いに依存状態になっていたり、落ち込んでしまったりしては、本末転倒なのです。

占いのいいところは、未来が観られるところです。あなたの未来ってなんでしょうか？　それはこのままだとこうなるよという未来です。今のままのあなただと、こんな未来がやってくる、ということを知ることができるのです。そのうえで、今の自分

を変えたいのか？　変えたくないのか？　今のままの未来でいいのか、それはあなたが決めるのです。

本来、**占いの役割は、知らないより知ったほうがいいことを聞いて、自分の未来に役立てること。**そんなふうに占いを使えるようになるといいですね。占いに使われるのではなく、使うのです。すべてはあなたが決めることなのです。自分の人生は、あなたの手でつくられていくのです。

わたしは占いをしていましたが、気がつくとカウンセリングのようなことをしていました。それは、占いの結果を伝えるだけでは人は幸せになれない……と思ったからです。

そう強く思ったわたしは、人の心理やコーチング、宇宙の法則などを勉強することになりました。もっと大元から人が変わるお手伝いをしたいと思ったのです。これからも、形を変えながらずっと続けていくことになると思っていますが。

占いだけでなく、自分が気になる、やってみたいと思うことは、あなたが自分の使命を知るためのヒントなのですよ。

07

月に願いを

月には大きなパワーがあります。神秘的な力があります。わたしたちに宇宙からのメッセージを、ストレートに伝えてくれるのが月といえるかもしれません。

わたしのメルマガやブログでは、満月や新月、冬至や夏至など、大きなパワーが動くタイミングをお知らせしています。それは、わたし自身が月のパワーをいただくことを、もう12年以上続けているからです。そのパワーを実感しているからです。

満月のときは月の光を全身に浴びながら、願いごとをしましょうとか、新月だから願いごとを10個まで紙に書きましょうとか、満月から少しずつ月が欠けていく期間は、断捨離にいい時期ですよ、とか。

クレオパトラは、美と神秘の力のために月光浴をしたそうです。古今東西、月に願いをかけるというような表現が使われてきました。それだけ、人々は月の力に気づき、活用してきたのだと思います。

みなさんも、興味があればぜひ月のパワーをわけてもらってください。なんといっても月のパワーは無料です。

★満月にするといいこと

満月は波動で、こころや体の要らないものを出して「浄化」します。

月光浴や日光浴をすることで、脳内物質であるセロトニンの分泌が活性化できます。セロトニンは、人間のこころのバランスを整える「幸せホルモン」とも呼ばれる物質です。こころの安定を図ってくれるので、**不安になりやすい人は月光浴するといいです。**

さらに、この月光浴とともに**満月にするとよいのが、感謝したいことを書き出したり、自分自身を見つめ直したりすること。**こころにゆとりが生まれてくるといわれています。

★新月にするといいこと

新月のパワーを受けて願い事が叶うのは、48時間以内といわれています。夢を実現するためには、願い事のリストを手書きでつくります。**こうなりたいなと思うことを10個まで書きましょう。**ひかえめに1個というのはダメです。2個以上のお願い事を書いてくださいね。

そうすることで、新月がもたらすエネルギーを活発化できるのです。逆に11個以上になると、願いを叶えるエネルギーが分散してしまうといわれています。

そして、宇宙にオーダーをしましょう。あとは、願いが宇宙に聞き届けられるのを待つのです。ヒントが下りてきたときには、必ず行動をしてくださいね。月に1回の新月のパワーを、うまく取り入れていきましょう。

願い事をするときに注意してほしいのが、ボイドタイムです。ボイドタイムは、月が他のどの天体とも主要な角度を作らない時間、月がひとりぼっちで孤独になる時間のことで、「魔の時間」といわれたりします。この時間に始めたことは無効になりやすく、気持ちも不安定になりやすいのです。

「そんなことぐらい！」と笑い飛ばせる人は大丈夫です。でも、いけないことだと聞いてしまうと、ほとんどの人は潜在意識がそう思い込んでしまいますから、知ってしまったことは生かして使う。これがうまくいく秘訣ですよ。

このボイドタイムには、お風呂に入ったり、ゆっくりリラックスして過ごせたりするといいんです。星の配置で決まりますので、毎回変わっていきます。気になる人は、わたしのメルマガ、ブログでお知らせしていますので参考にしてくださいね。

08

パワースポットでエネルギーをチャージする

わたしが子どもの頃、祖父が神主だったので、その神社の敷地でよく遊んでいました。パワースポットなんていう言葉は知りませんでしたが、とても居心地のよい場所でした。

それが今行くと、わたしの記憶とは少し違うのです。もしかしたら、他の次元や空間につながっていたのかな、なんて楽しいことを考えたりします。神社は宇宙とつながっているなんていう説もあります。わたしもきっとそうじゃないかなと思っていて、研究を続けたいと考えています。そんな神社が、わたしは大好きです。

神社だけではありません。アメリカの有名なパワースポット、セドナには2年連続で行きました。そこでご一緒した方々が、わたしを含め自分の願いをどんどん叶えているというミラクルを起こしています。

パワースポットと呼ばれている場所には、なにがあると思いますか？　エネルギーがあるのです。ボルテックスといって、地球のエネルギーが渦を巻く場所だといわれています。

そういう場所に生えている木は、ねじねじとねじれて生えています。時計回りにねじれている木には天からのエネルギーが流れていて、反時計回りにねじれている木には大地からエネルギーが湧きあがっているといわれているんです。そして、セドナの町のあちこちから、エネルギーがあふれ出ています。

自分の波動と合う場所を見つけることです。その場所に行くと肉体的な疲れ、そしてこころの疲れまでもあっという間に癒されて、回復していくのを感じることができるはずです。

わたしの今の楽しみは、イギリスの精霊に出会えるスポット、フィンドホーンという場所へ訪れることです。

スピリチュアルスポットやパワースポットと呼ばれる場所は、それぞれ人によって合う場所があるということを覚えておいてくださいね。そして、たとえば3年前にはイヤな感じがしたけれど、今はとてもいい気分を感じるようになった、ということが起こります。あなたの波動、エネルギーが変われば、いいと思っていた場所をよくないと感じたり、イヤな感じの場所でよい気分になったりということも起こるのです。

そのなかで、たくさんの人によい影響を与える愛のエネルギーが満ちている場所が、パワーの強いスポットとして有名になっているのではないでしょうか。


「ひとり旅がしたいなー」なんていうとき、行き先に悩んでいるのなら、私のおすすめのパワースポットをご紹介しますね。それは高千穂です。

去年はじめて訪れて、天照大神が天岩戸に隠れたという伝説の、その場所に行きました。その他にも、古事記に記された神話の舞台になっているところがいくつもあり、すごく懐かしい香りのする場所でした。

そして、旅館の人がとても親切で気持ちよく、町の人たちもみんな優しくて温かいところでした。


ひとり旅がしたい気分になったら、それは宇宙からのサインかもしれません。それを受け取りに行くのも行かないのもあなたの自由です。でも行くと決めれば、そこからすべてははじまるのです。これはもう、わたしが実証済みです。

宇宙が喜んで、もっといろいろなことを教えてくれるはずです。なんだかわからないけど行きたいとか、何度もその場所のコマーシャルを見るなんて、偶然？　いいえ必然？　あなたがパワーをチャージしたいと思うのならぜひ出かけてみてくださいね。

パワースポットには、宇宙からのメッセージが届いていたり、あなたのエネルギーを増幅させてくれたりするパワーがあるのです。もしあなたが疲れていたりエネルギーが弱まっていたりするのなら、行くだけでパワーチャージができるので、ぜひ上手に使ってみてくださいね。

09

わたしの運の引き寄せ方

あなたは、予定外の急な外出ってイヤですか？　わたしは基本的にはキライです。決めたことを決めたようにやりたいのです（こんなのもブロックなんですけれど、別に苦しくなってはいないので、ほうっておいてもよいブロックです）。

そんなわたしの運の引き寄せ方を、最近の体験例でお伝えしようと思います。

Dr.コパさんにお会いする機会があり、そのときのことをフェイスブックに載せました（もちろん許可をいただいて）。するとコパさんからコメントをいただき、何度目かのやりとりのときに、愛馬（コパさんは競走馬を何頭も所有していて、ＧⅠタイトルも多数もっていらっしゃいます）の引退式に誘われたのです。

京都競馬場ですが、行ったことがありません。しかも明日ですって。誘われたとはいっても、席などがあるわけじゃなく、わたしが勝手に見に行くだけです。その日は友達とずいぶん前からランチの約束もしていました。

でも引退式は16時半。それなら行ける！　なんだか予定外だけど、これは行ったほうがいいよと、天からの声が聞こえた気がしたのです。そして、決めた瞬間に、次々にヒントが下りてきます。

友達との約束で難波に行く前に、お馬ちゃんがご褒美でもらうというリンゴを買おうと思い立ちました。お土産なので、わたしも食べたことのないような高級リンゴをデパートで購入。そしてお友達と楽しく過ごした後、京都競馬場へ。着いたら、今から引退式がはじまるちょうどいい時間で、なぜか引き寄せられるように、ふらふらとよく見える絶好のポジションへ。

引退式が終わった後、この日のコパさんは、たくさんの人に囲まれ、サインを頼まれています。話しかけられる雰囲気ではありません。でも、きっとここを通るという道を見つけることができました。

そこで待っていると、コパさんが思った通りにやってきたのです。最大に近づいたその時に大声で「コパさん、これリッキーちゃん（コパノリッキーというお馬ちゃん）に」と言ったら、気づいてくれて、リンゴを渡せたのです。わたし的には奇跡！ 満足！

後日、コパさんからお礼のメッセージをいただきました。

コパさんは軽い気持ちで誘ってくださったのであって、ほんとうに来るとは思っていなかったかもしれません。でも、わたしはコパさんともっと親しくなりたい、その気持ちを伝えたかった。待っているだけでは、願いは叶わないのです。

チャンスの女神には後ろ髪がないといわれています。通り過ぎてからつかもうとしても、ツルッとしているので難しい。だから前髪をつかまないといけないんです。たとえ、ちょっとくらい図々しいと思われても（そう思うか思わないかは、その人が決めることなんですけどね）、願いが叶うほうがいいと思いませんか？

もしダメでも、もともとなかったものなのですから、失うものはありません。行動することで可能性が生まれますが、行動しなければチャンスはゼロなんです。

欲しいものはタイミングを逃さずに取りにいく。決めればヒントが次々やってきて、必ずうまくいくんです。それがわたしの運の引き寄せ方です。

《やってみて！　3つのワーク》

わたしがスピリチュアルスポット、パワースポットでしている、幸運を引き寄せる感情体質に生まれ変わる3つのキラキラ習慣

地のエネルギーにふれる

天のエネルギーを取り入れる

美味しい食事でこころとカラダを満たす

[地のエネルギーにふれる]

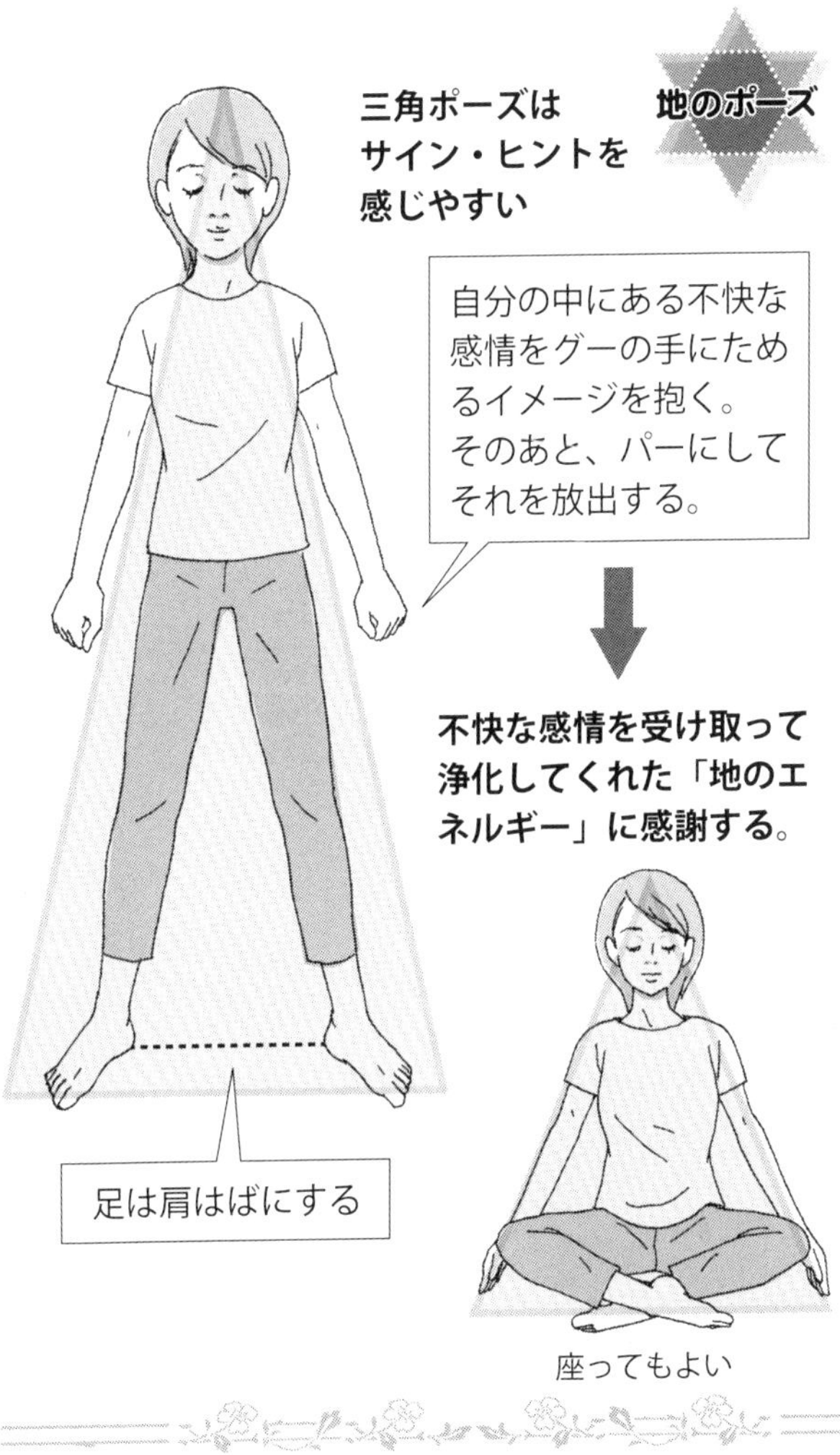
地のポーズ
三角ポーズは
サイン・ヒントを
感じやすい
自分の中にある不快な
感情をグーの手にため
るイメージを抱く。
そのあと、パーにして
それを放出する。
不快な感情を受け取って
浄化してくれた「地のエ
ネルギー」に感謝する。
足は肩はばにする
座ってもよい

［天のエネルギーを取り入れる］

天のポーズ
手は上にひろげる
手のひらはパーにして自分に降り注ぐようにする

逆三角ポーズは、
サインやヒントを
感じやすく
「天のエネルギー」
を取り入れやすい。

エネルギーチャージ完了！

美味しい食事でこころとカラダを満たす

わたしは美味しいものが大好きです。幸せな気持ちになるからです。食べただけで幸せな気持ちになれるって、これはいちばんカンタンな幸せの法則です。

ここでも宇宙の法則は使えるんですよ。「美味しいものを食べに行くのが、好きなんです」って、みんなに言いまくっていると、誰かが誘ってくれたり、「ここ、美味しいから行ってみて」なんていう情報をいただけたりします。

それでわたしは「朝の7時から並ばないと食べられない幻のとんかつ」なんていう逸品にも、ありつけたりしています。

自分から発信するんです。出したものが返ってくるのです。わたしのことを誰も誘ってくれない……なんて、ひとりでいじけていても、誰にもわかりません。あなたが誘われたいことに気がつかれてないかもしれないのです。だから、自分から言いましょう。美味しいものを食べて、こころとカラダを満たしましょう。

わたしが20代の頃に行っていた裏千家のお茶の先生が「わたしはもうそんなに先が長くないから、美味しくないご飯は一回も食べたくないの」とおっしゃったのです。

そのとき、素敵！　わたしもそうなろうと決めたのです。それも今思えば、宇宙の法則です。決めたから、そうなるように行動してきて、今のわたしがつくられたんだなぁーと。

さあ、あなたも今日から、美味しいものを食べる！　値段でご飯を選ばない、そう決めてみてはどうでしょう。

宇宙の法則
「出したものが返ってくる」
幸せなことが返ってくる
幸せだ〜♡というエネルギーを出す
私は不幸だ〜というエネルギーを出す
不幸なできごとが返ってくる

おわりに

宇宙の法則はとってもカンタン！　出したものが返ってくるだけ。

わたしが本を出したい！　出版をしたい！　と思ってから、2年の月日が流れました。驚くことに「はじめに」にある文章は2年前に書いたものなのです。

はじめにを書いてみてと言われて、ふと前に書いたものを見てみると、ほとんど同じ！　2年経っても同じことを思っている。これは必ず本になる！　そう確信していました。

わたしが本を出す、と決めたのです。なんの根拠もなく、まったくやり方もわからない状態で。

わたしはここで、宇宙の法則を使うことにしたのです。それは、必ず本を出すと、わたしが決めること。それで設定は完了です。あとは、読んだら役に立つ本を絶対に出すというエネルギーを出す。

それからのわたしは、宇宙さんから届くヒントを見逃さないようにしていました。ヒントがあったら、それに従って実行しました。私がしたのは、これだけです。

まず、ヒントその1が下りてきました。それは出逢いの大切さです。新人作家を次々と世に送り出している遠藤励起先生の出版の勉強会に、わたしが参加することになったのです。そのきっかけはベストセラー作家の望月俊孝さんのお誕生日会に招かれたことです。そこで出会ったやはりベストセラー作家の鳥居祐一さんが遠藤励起先生にわたしを紹介してくださったのです。

勉強会で一緒になったのは、京大卒の理系女子と、阪大の大学院での秀才女子、そして短大卒の私という3人でした。普通の人なら、この段階でこころが折れそうですが（笑）、わたしは宇宙の法則を知っているので、どんなすごい人が来ても大丈夫なのです。だって、彼女たちと戦う必要はないのです。3人とも本を出せばいいのですから。

そして、私の本をきっと求めている人がいる！　必要な人に届けるんだ！　という熱い思いのエネルギーを出せば叶うと信じていたのです。

わたしへの2つ目のヒントは、仲間の大切さです。

あれにも、これにも目がいって、だらだらと毎日が過ぎていっていました。勉強会に一緒に参加した秀才の2人はまじめです。わたしがのんびりしている間に2人はどんどん進んでいきます。

この2人がいなかったら、わたしの原稿は完成していなかったでしょう。刺激を与えてくれる仲間は大切だと痛感いたしました。そんな場を与えてくれた宇宙さんはもちろん、実際に本を書くにあたって、それに手を貸してくださったすべての方たちとの出逢いがなければ、この本の出版には至っていません。そのことに感謝の思いでいっぱいです。


自分の力を信じることができれば、すべて上手くいくのです。この世に誕生したのは、自分を幸せにするためなのですから。

わたしは、好きなことしかしません。好きなことをすることが、人から好かれることだからです。こうしたら、きっと好きになってくれるよねって思うことを実践してきただけです。多くの方がする、嫌われないようにすることではなくて。

それは宇宙の法則だったのです。わたしが知らずしらずのうちに昔からやっていたこと。そして、こんなこと、誰でも知っていると思っていたけれど、まさか気がついていない人のほうが多いなんて……。

そのことがわかったのは、占いを始めてしばらくしてから。知らない人ってたくさんいるんだな。なら、伝えてもいいのかもしれない。わたしの知っている、わたしのやってきたカンタンなこと。やっていない人がいたら、きっと運命を変えることになる。

わたしの中に眠っていた、そんな宇宙の法則を引き出していただいたのが、川相ルミさんです。そのルミさんがつくったのがＵＭＩ（ユニバーサルマインドインテグレーション）です。そこでつとめた講座の講師というお役目は、２年間に４００名の受講者さんとの出逢いをもたらしてくれました。さらに、今までに一万人の鑑定とカウンセリングを行うなかで示されたデータを合わせることで、わたしにはっきりとひとつのことが見えてきたのです。

わたしたちは、誰かのためになりたい、役に立ちたいと思っています。それが、わたしたちが生まれてきた使命だからです。そして、誰かを喜ばせたいと願います。

そう願っているのなら「ありがとう」を言われることよりも、「ありがとう」をたくさん言ったほうがいいでしょう。「ありがとう」を言われた人は喜びます。あなたのために、いろんなことを喜んでやってくれます。助けてくれます。

それでいいのです。自分でやることばかりを考えなくていいのです。助けてもらいましょう。甘えましょう。それがいつまでも、かわいくいられる秘訣です。

これは、もっともカンタンな運が良くなる法則です。周りの人がなんだかんだと、やってくれます。わたしの言うことを聞いてくれるのです。ラッキーがゴロゴロ転がってくるんです。

そんなわたしのこれからのオーダーは、死ぬまでかわいいと言われ続ける！ です。もう決めているのです。だから、きっと叶います。決めて、エネルギーをその方向に出し続けます。手に入れたいものを決めて、そこにエネルギーを出すと、それが返ってくるので手に入るのです。「出したものが返ってくる」なのです。

自分のことを信じることができれば何でも叶います。あなたにもきっとできますよ。

二〇一八年五月吉日

サラサまみ

お金と愛の運のいい人が絶対やっている
「感情を大切にする」カンタン3つのルール

2018年6月6日　第1刷発行
2018年6月20日　第2刷発行

著　者――サラサまみ

発行人――山崎 優

発行所――コスモ21
〒171-0021　東京都豊島区西池袋2-39-6-8F
☎03(3988)3911
FAX03(3988)7062
URL http://www.cos21.com/

印刷・製本――中央精版印刷株式会社

定価はカバーに表示してあります。

ISBN978-4-87795-367-6 C0030